Chakren *verstehen*

Chakren *verstehen*

Ambika Wauters

Librero

Die Originalausgabe erschien 2002 unter
dem Titel: *The Book of Chakras*

© 2016 Librero IBP
(für die deutschsprachige Ausgabe)
Postbus 72, 5330 AB Kerkdriel, Niederlande

© 2002 Quarto Publishing plc, London
Layout: James Lawrence
Fotografie: Martin Norris
Illustrationen: Mark Duffin, Cora Mula

Herstellung deutsche Ausgabe:
Vitataal, Feerwerd, Niederlande
Übersetzung: Jeannette Berg, Anne Döbel,
Rio Holländer/Vitataal
Layout: Elixyz Desk Top Publishing,
Groningen, Niederlande

Printed in China

ISBN: 978-90-8998-438-8

Die Informationen in diesem Buch wurden
mit größter Sorgfalt zusammengestellt und
auf Vollständigkeit und Richtigkeit hin
kontrolliert. Sollte das Urheberrecht dennoch
an irgendeiner Stelle verletzt worden sein,
werden wir dies - sofern der Herausgeber
entsprechend informiert wurde - in der
nächsten Ausgabe richtigstellen.

Weder der Autor noch der Herausgeber haftet
für Schäden, Verletzungen oder Verluste, die
infolge der Verwendung der Informationen in
diesem Buch entstehen.

INHALT

EINLEITUNG

SUBTILE ENERGIE MIT CHAKREN

Dieses Buch bietet Ihnen den Zugang zu einer neuen Dimension von Genesung und Wachstum. Es untersucht die Art des menschlichen Energiesystems und weist einen Weg, wie unsere Energie durch die Heilung der sieben bedeutendsten Energiezentren - den Chakren - wachsen und transformieren kann.

Chakren sind der Schlüssel zur körperlichen Gesundheit, emotionalen Stabilität und geistigen Klarheit. Sie wirken wie Leiter, die die Energie vom Himmel und aus der Erde filtern, sodass sich diese verbinden können. Dort, wo sich diese Energiefelder einander nähern, befindet sich ein Chakra. Dieser Wirbel an bewegender Energie regt unterschiedliche endokrine Organe an, die Hormone in die Blutbahn ausschütten. Die Einflüsse dieser Hormone beherrschen unseren Körper und unsere geistige Verfassung.

Stellen Sie sich die Chakren wie ein Filtersystem vor, das die Energie unserer körperlichen Ebene aus primären Instinkten und animalischer Natur in die feinstoffliche geistige Ebene umsetzt, die uns mit der spirituellen Lebensquelle verbindet. Wenn wir unsere Reise entlang den Chakren beginnen, öffnen wir das Tor zu Heilung, psychologischer Entwicklung und spirituellem Wachstum. Je weiter wir in den Energiezentren aufsteigen, desto mehr lernen wir darüber, wer wir sind und welche Ideen und Einstellungen unser Leben formen. Uns wird die Möglichkeit geboten, die persönliche Verantwortung für unser Leben zu vergrößern, indem wir unsere Energieebenen transformieren. Wir werden zielbewusster und konzentrieren uns mehr auf die Wege, die uns zu einem erfüllten Leben führen können. Wir werden uns unserer Talente und Begabungen bewusst, und wir stellen

Liebe und Mitgefühl in den Mittelpunkt unseres Lebens. Wir lernen zu lieben und zu akzeptieren, was uns einzigartig macht und wir verzeihen uns die Zeiten unseres geringeren Selbstwertgefühls. Wir sind in der Lage, unsere Einstellung zu ändern, indem wir unsere Weisheit einsetzen.

Dieses Heilungssystem ist schon sehr alt. Es wurde bereits in vedischen Schriften erwähnt. Viele ursprüngliche Kulturen kannten den Begriff der Energie. Die Ägypter perfektionierten es durch den Einsatz von Aroma- und Farbentherapie. Sie hatten ein natürliches Verständnis der menschlichen Seele und verehrten die Ebene der Erde als etwas Heiliges. Im frühen Judentum waren diese Prinzipien in der mystischen Kabbala geordnet. Heutzutage, in unserer stark belasteten Welt voller Stress und chemischer Mittel, die wir über verschmutzte Luft, giftiges Wasser und ein endloses Sortiment an allopathischen Mitteln zu uns nehmen, besteht das dringende Bedürfnis, dieses alte Wissen über Energie und ihre Wirkung zu verstehen. Energie strebt danach, Menschen zu befähigen, die besten Entscheidungen auf dem Gebiet von Gesundheit, Verbundenheit und Liebe zu treffen. Sie lehrt uns auch, dass wir mehr sind als nur die Hülle unseres Körpers: Wir sind ein komplettes Energiesystem, das alle Ebenen des Seins zu einer energetischen Gesamtheit vereint. Unser Denken und Fühlen beeinflusst jede Zelle in unserem Körper. Es verengt unser Energiefeld oder dehnt es aus und regt unsere Vitalität und die Spannkraft an, die uns zur Verfügung stehen.

Wenn wir unser Leben unter Kontrolle bringen wollen, ist das Wissen um die Funktion dieses Systems unentbehrlich. Es hilft uns, unsere Gedanken und Emotionen zu erfahren und Änderungen in unserem Handeln herbeizuführen. Die Erkenntnis

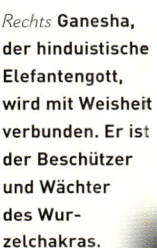

Rechts **Ganesha, der hinduistische Elefantengott, wird mit Weisheit verbunden. Er ist der Beschützer und Wächter des Wur-zelchakras.**

der subtilen Aspekte unserer Natur führt uns auf ein anderes Niveau von Akzeptanz und Heilung. Im Verlauf dieses Buchs werden Sie eingeladen, mit den Affirmationen, Meditationen und Übungen zu arbeiten, die für die einzelnen Chakren formuliert wurden. Gönnen Sie sich auf Ihrer Entdeckungsreise in Ihr Selbst die Zeit, Ihre Einsichten zu verarbeiten. Sie sind Geschenke der Erkenntnis und Wahrnehmung. Wenn Sie sich wünschen, dass Ihr Leben einsichtiger und erfüllter wird, können Sie ein tiefes Verständnis Ihres eigenen Seins hier auf Erden bekommen.

Dieses Buch will Heilung und Freude in Ihr Leben bringen. Es kann Ihnen helfen, Ihre Sichtweise auf Ihr Leben zu erweitern. Es kann Ihnen Kraft geben, die negativen und unvollkommeneren Aspekte in Ihrem Leben zu ändern, bis Ihre Energie strahlt und Sie das leuchtende Licht sind, das Sie sein müssen. Genießen Sie diesen Prozess und seien Sie dankbar für die Fülle an Energie, die Ihnen für Heilung, Bewusstsein und Licht zur Verfügung steht.

Rechts **Meditation ist eine wertvolle Hilfe bei der Selbstreflexion. Sie hilft uns, unseren Horizont zu erweitern und entspannter im Leben zu stehen.**

Linke Seite **Unser Körper hat sieben Chakren: vom Wurzelchakra unten an der Wirbel-säule bis zum Kronen-chakra oben am Scheitel.**

SUBTILE
Energie

Die Welt der subtilen Energie öffnet unseren
Geist für das, was wir tief in uns über uns
selbst und unser Leben wissen. Wir
leben in einer Welt der Energie, ob
wir das wahrhaben wollen oder
nicht. Wenn wir sie verstehen
lernen und ihren Einfluss auf
unseren Körper und Geist
akzeptieren, können wir
mehr Kontrolle über unser
Handeln, unsere Gedanken
und Einstellungen erhalten.

DIE ART DER SUBTILEN ENERGIE

Der Begriff „subtile Energie" verweist auf das Kräftefeld, mit dem alle lebenden Wesen umgeben sind. Im menschlichen Körper umfasst dieses Kräftefeld die Aura und sieben Energieschichten, die „subtile Körper" genannt werden. Sie beherrschen unser körperliches Wohlbefinden, unsere emotionale Stabilität und unsere geistige Klarheit. Sie spiegeln unsere spirituelle Verfassung und unsere Gefühle über uns selbst und das Leben im Allgemeinen wieder.

In diesem Kapitel, das die subtile oder feinstoffliche Energie behandelt, geht es vor allem um das menschliche Energiesystem und wie diese Energie den Körper in Bewegung bringt und unseren Geist wiederspiegelt. Dies ist ein äußerst verfeinertes System. Subtile Energie zeigt sich in der Art und Weise, wie sie unsere Emotionen, unser Denken und unsere körperliche Verfassung beeinflusst.

Das Chakrasystem und die Aura vermitteln Aufschluss über Krankheiten oder negative geistige Einstellungen. Sie bieten Einblicke in die Herausforderungen und emotionalen Angelegenheiten einer Person.

Es ist wichtig zu verstehen, dass diese Energie - auch wenn sie unsichtbar ist - bei jedem spürbar ist. Sowohl bei Menschen mit einer heiteren, offenen Einstellung, als auch bei jenen, die sich negativ verhalten. Auch wenn wir ihre Energie nicht sehen können, spüren wir dennoch die Qualität ihres Energiefelds anhand ihrer Körpersprache, des Glanzes oder der Stumpfheit in ihren Augen, ihres klaren oder verwirrten Geists und ihres Redens und Handelns. Jedes Wechselspiel, das wir mit Menschen, Pflanzen und Tieren haben, ist von subtiler Energie durchdrungen. Sie ist die Lebenskraft, die zwischen uns ausgetauscht wird.

SUBTILE ENERGIE ERFAHREN

Subtile Energie kann man auf folgende Weise erfahren: Reiben Sie zunächst Ihre Hände kräftig gegeneinander. Halten Sie sie danach einen halben Zentimeter von einander entfernt gegeneinander. Spüren Sie die Wärme, die von ihnen ausgeht. Das ist „subtile" Energie, die zur Heilung von Schmerzen, emotionalen Störungen und geistiger Unausgeglichenheit verwendet werden kann. Sie ist mit Ihrem Geist, Ihren Gedanken und Gefühlen verbunden. Je positiver Ihre Gedanken sind, desto stärker ist Ihr Energiefeld.

Die Aura

Die Aura ist die energetische Hülle, die den Körper vor allem Lebendigen schützt. Sie fungiert wie eine Kuppel, innerhalb der sich alle Energie befindet, und sie beschützt die Lebenskraft. Sie ist die Ummantelung, innerhalb der die Energie durch lebende Systeme kreisen kann.

Die atmosphärischen Schichten bilden eine Aura von Energie, die Sauerstoff in Bewegung hält. Dadurch können wir leben und atmen. Sie schützen auch vor den schädlichen Strahlen der Sonne.

Wenn die Aura durch Krankheit oder Sorgen geschwächt ist, kann sie unmöglich ihre gesamte Kapazität erhalten. Das ist mit dem Loch in der Ozonschicht vergleichbar, durch das schädliche UV-Strahlen in die Atmosphäre gelangen. Eine angegriffene Aura im menschlichen Energiesystem verhält sich ähnlich.

Ein starkes, lebensfähiges Energiefeld schützt vor einer externen Invasion, die die Form eines psychischen Angriffs und sogar körperlicher Beschwerden annehmen kann. Wenn unsere Aura schwach ist, können wir sie durch positives Denken, Meditation und Gebet verstärken. Energie folgt dem Gedanken und reagiert sofort auf unsere Absichten. Auch ein gesunder Lebensstil führt zu einem starken Aurafeld.

Beim Menschen besteht die Aura aus verschiedenen Schichten subtiler Energie. Insgesamt gibt es sieben Energiekörper, die jeden Teil unseres Wesens beeinflussen. Jede Schicht ist ein Filter aus Lebensenergie. Sie existieren auf körperlicher Ebene und setzen sich in differenzierteren und verfeinerten Energieebenen fort.

Energie steigt aus der Erde in unsere untersten Chakren auf und beeinflusst unseren Körper. Sie verankert unseren Geist in der materiellen Realität. Sie steigt auch vom Kosmos durch unsere oberen Chakren herab und beeinflusst unser Denken, Fühlen und unsere spirituelle Wahrnehmung. Wir können unsere Energie ändern, indem wir bewusst leben und verstehen, wie die Lebenskraft auf unsere positiven Intentionen reagiert.

Linke Seite **Subtile Energie ist überall um uns herum. Sie durchdringt die gesamte Natur und beseelt die ätherischen Lebenssphären mit Vitalität und Lebenskraft.**

Unten **Die Farben des Regenbogens stimmen mit den Farben der Chakren im menschlichen Energiesystem überein. Rot hat die dichteste Energie und korrespondiert mit der magnetischen, irdischen Energie. Violett ist am Wenigsten verdichtet und kommt mit dem elektrischen, kosmischen Ende des Spektrums überein.**

DIE SIEBEN EBENEN DER AURA

Die sieben Ebenen der Aura korrespondieren mit den sieben Ebenen, die zusammen unser Wesen bilden. Von oben nach unten: die göttliche, die monadische, die spirituelle, die mentale, die emotionale, die ätherische und schließlich die physische. Alle Ebenen sind von einer Hülle umgeben, der Aurahülle. Jede Ebene ist in sieben Subebenen unterteilt, sodass es insgesamt 49 Schichten mit energetischer Aktivität gibt. Auf der höchsten wird die Göttlichkeit erfahren. Darunter befindet sich die monadische Ebene, mit der sich die Seele ausdrückt. Gesagt wird, dass die Seele die niedrigeren Ebenen verwendet, um zu reifen und Erfahrungen zu sammeln, sodass sie wachsen und heilen kann.

Die spirituelle Ebene fungiert als Leiter zu unseren höheren Aspekten durch Meditation, Gebet und innere Reflektion. Der mentale Körper besteht aus unseren Einstellungen in Hinsicht auf das Leben.

Der emotionale Körper öffnet sich weiter, je empfindsamer wir werden und je mehr wir unserem Gefühl als innerem Leitfaden vertrauen. Er korrespondiert mit unserer Überzeugung, dass wir wertvoll und gut sind und Liebe, Zuneigung und Respekt verdienen. Er besteht aus unseren Wünschen und ist, aufgrund unseres unaufhörlichen Verlangens, sehr veränderlich. In dieser Schicht entstehen Krankheiten, die die körperliche Gesundheit stark angreifen können. Durch den emotionalen Körper erfahren wir eine Reihe von Gegensätzen, wie Freude und Schmerz, Angst und Mut, Verbundenheit und Getrenntsein. Hier wird Energie blockiert und implodiert, wenn unsere Begierden unser Leben beherrschen.

Der ätherische Körper ist der dickste und dichteste der subtilen Schichten. Er vitalisiert und stimuliert den physischen Körper und verbindet uns mit den Zyklen und Rhythmen der Erdenergie. Die Chakren befinden sich in dieser Energieschicht – neben der physischen Schicht. Sie regen die Hormondrüsen der physischen Schicht

an, die – abhängig von unseren Gefühlen und Einstellungen – unterschiedliche Gesundheitszustände schafft.

Der physische Körper enthält unsere organischen Systeme und besteht aus Gasen, Flüssigkeiten und festem Material. Auf dieser Ebene kann sich unsere Seele ausdrücken und Lebensweisheit erlangen. Alle Ebenen haben ihre eigene Wechselwirkung. Es sind äußerst differenzierte Energiefelder, in denen unser Geist, unsere Gefühle und unser Körper als Einheit funktionieren. Körper/Geist/Seele bilden ein unzertrennliches Kontinuum.

Rechte Seite **Die Atmosphäre, die die Erde umgibt, enthält vitale Gase, die das Leben auf der Erde erhalten. Die Aura fungiert auf ähnliche Weise, indem sie die vitale Lebensenergie rund um unseren Körper umhüllt, sodass wir wachsen, aufblühen und uns voll und ganz entfalten können.**

Unten **In den 1930er Jahren wurde die Kirlian-Fotografie entwickelt. Auf den Fotos ist keine Aura zu sehen. Sie zeigen, dass alles Lebendige von einem Energiefeld umgeben ist, das durch Veränderungen im Körper und Emotionen beeinflusst wird.**

VISUALISIERUNG DER AURA

Stellen Sie sich ein Foto von der Erde mit ihren atmosphärischen Schichten vor. Diese Schichten enthalten die vitalen Ebenen aus essentiellen Gasen, die zum Leben erforderlich sind. Ohne eine energetische Hülle rund um die Erde gäbe es keine Atmosphäre. Unser Planet wäre nackt und leblos. Visualisieren Sie jetzt eine gleichartige Hülle rund um Ihren Körper. Sie liegt etwa 20 cm von Ihrem Körper entfernt und enthält alle vitale Energie, die Sie zum Leben brauchen. Man kann dieses Feld durch positive und liebevolle Gedanken erweitern. Zum Beispiel, indem man wiederholt „Ich bin Liebe" oder „Ich liebe mich" zu sich selbst sagt. Man kann dieses Feld umgekehrt auch durch negative Gedanken über sich selbst verkleinern. Jedes Mal, wenn Sie Ihr Sein bekräftigen, tragen Sie zu Ihrer Gesundheit und zu Ihrem Wohlbefinden bei.

  Sie können versuchen, sich vorzustellen, dass der gesamte Planet von Ihrem Aurafeld umhüllt wird. Auf diese Weise sind Sie eins mit allem Leben. Bei einer täglichen Visualisierung vergrößert sich Ihre Aura. Wenn Sie vor einem Spiegel üben, können Sie vielleicht sogar sehen, wie sich Ihr Energiefeld um Ihren Kopf und Ihre Brust bildet. Diese atmosphärische Schicht dehnt sich aus und zieht sich zusammen als Reaktion auf Ihre Gedanken.

DAS MENSCHLICHE ENERGIESYSTEM

Unser Energiesystem umfasst sieben Ebenen von Energiekörpern in der Aura. Die Chakren befinden sich in der ersten Ebene der feinstofflichen Energie und beeinflussen unseren körperlichen, mentalen und emotionalen Zustand. Sie leiten die Energie durch alle Ebenen der Aura. Ihre Gesundheit und Integrität wird durch eine gesunde Lebensweise und positive und liebevolle Gedanken erhalten.

Das Wort „Chakra" kommt aus dem Sanskrit und bedeutet „Rad des Lichts". Es verweist auf die Energie in und rundum allen lebendigen Wesen. Chakren sind ein Modell, das die subtilen Energieebenen beschreibt. Minerale und Edelsteine enthalten ein Chakra, das die Energie in und aus ihrer lebenden Substanz leitet. Tiere haben maximal drei Chakren. Der Mensch hat sieben Hauptchakren und 21 Nebenchakren. Alle Akupunkturpunkte fungieren ebenfalls als Chakren.

Dieses Verständnis von Energie gründet auf der alten Wissenschaft, dass alles Leben ursprünglich energetisch und spirituell ist. Im Altertum basierte das Chakrasystem auf einer umfassenden Akzeptanz, dass Mensch und Erde eins sind. Jedes Chakra, oder Energiezentrum, ist mit einem Element verbunden. So wird die Erde mit dem Wurzelchakra in Verbindung gebracht. Dieses Chakra befindet sich unterhalb der Wirbelsäule und leitet Energie in die Hüften, Beine und Füße. Es verbindet uns mit der Erde und dem Boden. Das Wurzelchakra verankert uns physisch in unserem Körper und liefert uns die Lebenskraft, die wir brauchen, um unser Leben zu erhalten und zu unterstützen.

Jedes Chakra korrespondiert mit unterschiedlichen Qualitäten und Substanzen. Jedes Chakra resoniert mit einer Farbe und einem Klang und wird einem spezifischen Kristall, Edelstein und sogar Pflanzen zugeordnet. Im Altertum dachten sich Menschen Mythen aus, die die Chakren mit archetypischen Eigenschaften verbanden, sodass man verstand, welche Angelegenheiten und

Linke Seite **Die Chakren sind ein sehr altes Modell, das das menschliche Energiesystem mit seinen verschiedenen Komponenten beschreibt. Diese Figur entstand möglicherweise vor 25 000 Jahren in Indien.**

Unten **Chakra bedeutet „Rad des Lichts" und bezieht sich auf den Wirbel von Energie, der entsteht, wenn magnetische Energie aus dem geschmolzenen Herzen der Erde nach oben steigt und elektrischer Energie aus dem Kosmos begegnet. Dieses Rad, das aus beiden Kräften entstanden ist, treibt unsere Lebenskraft an.**

Qualitäten im Leben mit welchen vitalen Lebenszentren verbunden waren. Die Chakren umfassen unterschiedliche Ebenen des Bewusstseins, der Aktivität und energetischen Ladung.

Das Wurzelchakra ist beispielsweise rot und hat eine sehr dichte Schwingung. Es beeinflusst unsere Fähigkeit, in unserem Körper anwesend zu sein und produziert die Vitalität, die wir brauchen, um zu überleben. Auf der anderen Seite des Spektrums befindet sich das Stirnchakra, das mit seinen Vibrationen unsere mentalen und spirituellen Prozesse beeinflusst. Es resoniert mit einem anderen Klang und hat die Farbe Blau.

Die unteren Chakren fallen in die Kategorie magnetische Energie, während die oberen von Natur aus elektrisch sind. Die unteren drei Chakren, die sich unter dem Zwerchfell befinden, gelten als weiblich, da sie hauptsächlich empfangen. Sie nehmen Energie aus der Erde und der direkten Umgebung auf. Sie verbinden uns mit

Mutter Erde und den Ereignissen und Eigenschaften, die uns mit Familie, Clan, Stamm und Gemeinschaft verbinden. Sie befassen sich damit, wie wir das Leben mithilfe unserer Instinkte meistern, wobei wir von der Familie geerbte Energie verwenden, um unsere Lebenskraft zu erhalten. Diese Chakren sind außerdem Träger von Krankheits- und Gesundheitsmustern sowie von Mut, List und Schläue, die man braucht, um zu überleben.

Die oberen vier Chakren gelten als männlich. Sie befassen sich primär mit der Abgabe von Energie in Form von Liebe, Kommunikation, gesunder Einstellung und innerer Reflektion. Sie verbinden uns mit der Quelle und werden aktiv, sobald wir spirituell und zur Liebe fähig werden. Diese Chakren sind alle voneinander abhängig. Wenn ein Energiezentrum geschlossen ist, kompensieren alle anderen das, indem sie die Lebenskraft erhalten. Die verschiedenen Teile des Energiesystems sind untereinander verbunden, um das Kontinuum des Lebens zu erhalten.

Funktionen der CHAKREN

Das Chakrasystem ist ein Modell für den Energiefluss, der durch alles Leben und das menschliche Energiesystem fließt. Es ist wie eine Leiter, die uns aus der physischen Welt der Materie durch das Wirken des höheren Geistes und der Seele ins Reich des göttlichen Bewusstseins trägt.

DIE CHAKREN

Chakren sind nicht anatomisch. Sie befinden sich im Energiekörper auf ätherischer Ebene. Wie auf S. 12 beschrieben, ist das die Ebene, die der physischen am nächsten ist.

Die Chakren durchdringen alle sieben Schichten der Aura. Sie fungieren als Leiter: Sie schöpfen vitale Energie aus der Erde, lassen diese durch den physischen Körper kreisen und geben sie als höheres Bewusstsein frei. Vitalität wird also in Bewusstsein, Spiritualität und eine tieferes Verständnis des Universums umgesetzt. Kosmische Energie bewegt sich durch das Kronenchakra nach unten und manifestiert sich als Wahrhaftigkeit, Kreativität und Gesundheit. Während wir unser Bewusstsein entwickeln und unsere Sensibilität verfeinern, befreien wir uns durch Träume und Erinnerungen von alter, stagnierender und emotionaler Energie. Je mehr Freiheit und Liebe in uns ist, desto breiter unser Energiefeld wird. Je weiter wir uns entwickeln, desto mehr Energie wir haben für Heilung, Kreativität und Freude.

Der Prozess der Öffnung für größere Energiefelder vollzieht sich, wenn wir ganz im Hier und Jetzt sind. Unsere Chakren sind dabei wichtig, denn ihr Zustand beeinflusst unsere Gedanken, Gefühle und auch den Ballast aus unserer Vergangenheit. Sie bilden die Leiter der Liebe, die uns vom niedrigsten Aspekt unseres Lebens, unserem Überlebensdrang, zu den höchsten Sphären von Bewusstsein, Heilung und Glück führen.

Sie sind der Speicher unserer Gedanken und Gefühle über das Leben und unsere Einstellung dazu. Wenn wir eng gefasste Ideen über das Leben haben und unsere Existenz einengen, wird auch unser Energiefeld eng und schmal. Ohne die nötige vitale Energie geraten wir physisch und psychisch außer Gleichgewicht. Chronischer Mangel an Energie führt zu Krankheit und Tod.

Oben **Alle Energie bewegt sich spiralförmig. Das Rad beschreibt die dynamische Aktion von Energie in den Chakren. Wasser ist das Element, das die Funktion des Sakralchakras regiert und eine starke Beziehung zu unseren Emotionen hat.**

DIE FUNKTION DER CHAKREN

Die Chakren bilden ein gut organisiertes System, das die Lebenskraft fließend hält. Geschieht etwas, das den Lebensenergiefluss eindämmt, verringern die Chakren ihre Aktivität und verzögert oder stagniert die Energie. Ist diese Situation vorübergehend, nimmt die Energie ihren natürlichen Fluss wieder auf. Dauert sie länger an, müssen die Chakren wieder zur Aktivität angeregt werden. Gesundheit und Wohlbefinden sind von aktiven Chakren abhängig.

WURZELCHAKRA

Das erste Energiezentrum ist das Wurzelchakra. Es befindet sich unterhalb der Wirbelsäule und zieht Energie aus dem magnetischen Feld im Erdkern. Diese Energie steigt über die Füße und Beine auf und energetisiert das Blut und Gewebe in unserem Körper. Es fördert aggressive Triebe, die mit Überleben zusammenhängen und verankert unsere Seele auf materieller Ebene.

Auf physischer Ebene beherrscht dieses Chakra die Nebennierenrinde, die der Speicherort für die Energie ist, die wir von unseren Ahnen geerbt haben. Das Wurzelchakra enthält sowohl unser genetisches Erbgut für Vitalität als auch für Krankheiten. Innerhalb dieses Gebiets sind die Qualitäten gespeichert, die unseren Vorfahren beim Überleben halfen: Mut, Ausdauer und Belastbarkeit.

Das Wurzelchakra beherrscht auch den Entbindungsprozess. Die Fähigkeit, ein Leben hervorzubringen, hängt partiell von der Art ab, wie eine Frau ihre physische Natur und ihre Überlebensinstinke akzeptiert. Bei Problemen mit Autorität oder Angst kann die Entbindung zu einer schweren Prüfung werden.

In seinem unbewussten Zustand ist das Wurzelchakra Träger von Einstellungen und Vorurteilen, die von Familie, Kirche und Kultur gebildet wurden. Wenn diese Blockaden durchbrochen werden, wird mehr Energie für das Leben unserer Wahl freigesetzt.

SAKRALCHAKRA

Das nächste Chakra ist das Sakralchakra. Es befindet sich im Becken, nahe des Kreuzbeins. Dieses Energiezentrum fördert unsere Fähigkeit, auf körperlicher Ebene das Leben zu genießen. Es beherrscht unser vitales Wohlbefinden und unsere Fähigkeit, ein Gefühl der Fülle zu entwickeln. Beherrscht wird es vom Element Wasser. Es beeinflusst unsere Emotionen, die – wenn wir sie nicht zum Ausdruck bringen – die Geschmeidigkeit unseres Körpers bremst.

Dieses Chakra wird stark von unseren Ideen über Freude und das Bewusstsein unserer eigenen Sexualität beeinflusst. Wenn wir unsere sexuellen Triebfedern und unser Sexualverhalten kennen, können wir emotional wachsen. Eine gesunde Einstellung der Sexualität gegenüber verspricht uns Befriedigung, Freude und eine tiefe und dauerhafte Verbindung miteinander.

Die Wirkung des Sakralchakras hängt davon ab, wie wir unser eigenes Wohlbefinden bewerten und dafür sorgen. Wenn wir das Gefühl haben, dass wir Recht auf das Gute im Leben haben, öffnet sich dieses Chakra für Freude und Fülle. Wenn wir daran zweifeln, verarmt dieses Chakra. Es beherrscht auch unseren Appetit und dreht sich um die die Erkenntnis, wann wir genug haben. Im Sanskrit heißt dieses Chakra *Swvatistana*, was soviel heißt wie „mein eigenes, süßes Haus". Es verweist auf unsere Fähigkeit, unsere körperliche Anwesenheit zu pflegen und Spaß, Gesundheit und Freude zu finden.

NABELCHAKRA

Das dritte Energiezentrum ist das Nabelchakra (Solarplexus). Es befindet sich in der Magengegend oberhalb der Nervenzentren unter dem Zwerchfell. Es filtert Energie in unsere Organe, sodass sie Nährstoffe zur Verdauung umsetzen können. Das geschieht körperlich mit Nahrung und geistig mit Ideen.

Oben **Swvatistana** ist Sanskrit und bedeutet „mein eigenes, süßes Haus". Es verweist auf das Sakralchakra im Zentrum des Beckens. Hier sind Freude, das Gefühl, Recht auf etwas zu haben, Wohlbefinden und Überfluss im Körper verankert.

Oben **Feuer ist das Element des Nabelchakras. Das Chakra heißt auch „Plexus solaris" oder Sonnengeflecht und ist das Zentrum unseres Gefühls für persönliche Identität. Die physische Ebene verwendet dieses Chakra, um mit Wärme Nahrung in nützliche Nährstoffe umzusetzen. Die niedriger gelegene, mentale Ebene baut Vorstellungen ab, sodass wir sie geistig verarbeiten, wachsen und uns entwickeln können.**

Dieses Zentrum ist mit Selbstwertgefühl, Vertrauen und Entscheidungsfreiheit verbunden, Grundeigenschaften bei unseren Beziehungen mit anderen und der Welt um uns. Das Nabelchakra wird vom Element Feuer beherrscht. Feuer ist die Energie der Leidenschaft, die unser Handeln in der Welt beeinflusst. Es beherrscht die primären Instinkte in unserer Beziehung zu Menschen und Situationen. Wenn wir uns zu Unrecht einschränken, verringert dieses Chakra seine Energie, um Macht auszudrücken. Erniedrigende Gedanken hindern uns zu lernen und finanzielle Unabhängigkeit zu erreichen. Wir haben alle Recht auf ein starkes und gesundes Selbstwertgefühl und auf unser eigenes Leben.

HERZCHAKRA

Das Herzchakra ist das Zentrum des menschlichen Energiesystems. Es hat sowohl die physische als auch die emotionale Funktion, die Lebenskraft wach und am Leben zu erhalten. Genau wie das Herz Blut durch den Körper fließen lässt, transportiert das Herzchakra Liebe durch unser Leben. Das Herzchakra wirkt sowohl auf physischer als auch auf emotionaler und energetischer Ebene. Physisch umfasst das Herz das Herzmuskelgewebe, die Aorta, die Lungenschlagader und die vier Kammern. Energetisch umfasst es den Herzschutz, der es vor emotionalem Schmerz schützt, und das spirituelle Herz, das rein ist und von dem man glaubt, es sei der Sitz der Göttlichkeit in uns.

Das Herzchakra gedeiht bei Freundschaft, Freude, Frieden und Verständnis. Je reifer wir werden, desto weniger brauchen wir von anderen, sondern geben stattdessen bedingungslose Liebe. Diese neue Form der Liebe beruht auf unserer Fähigkeit, Verletzung anderer zu vermeiden und Mitgefühl für jene zu empfinden, die leiden.

KEHLCHAKRA

Das Kehlchakra umfasst physisch den Bereich der inneren und äußeren Kehle, des Nackens und Munds. Blockiert wird es oft durch unterdrückte Gefühle, die sich in unausgesprochenen Emotionen und Ideen äußert. Wenn es blockiert ist, verhindert es Energie, in die obersten Zentren aufzusteigen. Eine Befreiung dieses Zentrums verpflichtet uns zur Wahrheit und Integrität.

Die Qualitäten des geheilten Kehlchakras sind Kreativität, Willensstärke, Wahrheit, Kommunikation und persönliche Integrität. Dieses Zentrum beherrscht die Schilddrüse und unsere Fähigkeit, unsere Gedanken und Gefühle deutlich auszudrücken. Menschen, deren Kehlchakra optimal funktioniert, setzen sich für das ein, woran sie glauben. Sie sind selten von der Zustimmung anderer abhängig, um ihre Gefühle auszudrücken.

Dieses Chakra entwickelt sich später im Leben, wenn wir reif genug sind, um Wichtiges von Nebensächlichkeiten zu unterscheiden. Eine Befreiung von familiären Drucken und unausgesprochenen Emotionen bedarf Jahre der Arbeit an uns selbst. Dieses Chakra speichert die Erinnerung und die aufgewandte Energie für alles, was wir nicht ausgedrückt haben. Es wird stark von Drogenmissbrauch, Lügen und einem Mangel an persönlicher Integrität beeinflusst.

STIRNCHAKRA

Das Stirnchakra befindet sich zwischen den Augenbrauen und wird auch „drittes Auge" genannt. Dieses Zentrum umfasst unsere angeborene Intelligenz und gedeiht bei der Weisheit, die wir durch Verlust, Schmerz und Trennung sammeln. Wenn es geöffnet ist und gut funktioniert, können wir unser höchstes Gut, unser tiefstes Bewusstsein und unsere Intuition unterscheiden. Das Zentrum sucht Sinn, Wahrheit und Freiheit. Das Stirnchakra kontrolliert den Fluss an

Hormonen, die die Hypophyse ausschüttet und reagiert auf gesunde Einstellungen über uns selbst und andere. Je erwachsener wir werden, desto subtiler setzen wir unsere Kenntnis und Intuition in Situationen ein, die wir in jüngeren Jahren noch nicht zu meistern imstande gewesen wären. Weisheit, Urteilsvermögen, Kenntnis und Intuition sind Qualitäten dieses Chakras. Es ist eng mit dem höheren Geist und Erleuchtung verbunden.

KRONENCHAKRA

Das Kronenchakra ist das erhabenste im System. Es bietet uns die Mittel, unser unauslöschliches Band mit der Quelle unseres Seins zu vertiefen. Ob wir diese Beziehung eingehen möchten, ist an uns. Die Verbindung existiert. Wir müssen sie nur anerkennen, wenn wir sie erfahren wollen. Das Kronenchakra ist unsere Verbindung zu einer unendlichen und liebenden Anwesenheit. Das Kronenchakra beherrscht die Zirbeldrüse, die sich oben am Mittelhirn unter dem Großhirn befindet. Es beeinflusst unsere tiefen, inneren Kreisläufe wie Schlaf, Glück und Ruhe. Seine Qualitäten sind Glückseligkeit, Schönheit und Spiritualität. Das Kronenchakra kontrolliert unser Gefühl von Glück und Freude und lässt uns spüren, dass wir geliebt, gelenkt und immer geschützt werden durch Gottes Liebe.

ARCHETYPEN UND CHAKREN

Archetypen sind aus der menschlichen Erfahrung heraus entstanden, dass die guten und die schlechten Eigenschaften in uns allen vertreten sind. Jeder Archetypus symbolisiert ein wesentliches Energiemuster, das ein festes Verhaltensmuster beschreibt. Im Fall der Chakren verweist jeder Archetypus auf ein Niveau der persönlichen Verantwortlichkeit und eine Menge an Energie und Vitalität. Jedes Chakra hat einen positiven und einen negativen Archetypus, der mit den Qualitäten und Herausforderungen dieses Chakras assoziiert wird. Diese Archetypen ändern sich durch bewusste Erkenntnis. Je mehr Verantwortung wir für unsere persönlichen Archetypen zeigen, desto stärker wir werden und desto mehr Energie kommt für unsere Gesundheit, Kreativität und Freude frei. Das Erkennen unseres negativen Archetyps öffnet das Chakra, gibt uns psychologische Kraft und aktiviert unsere Gesundheit erneut. Wenn wir Verantwortung für unsere negativen Einstellungen übernehmen, die unsere Lebendigkeit und unser Glück blockieren, können wir einen Aspekt unseres Selbst heilen und in ein höheres Niveau aufsteigen.

CHAKRA	NEGATIV	POSITIV
WURZEL	Das Opfer: Mangel an Energie und (Lebens-)Kraft	Die Mutter: nährend, unabhängig, verantwortlich
SAKRAL	Der Märtyrer: kritisch, sauer, verurteilend	Der Kaiser/die Kaiserin: Freude, Fülle, Genuss
NABEL	Der Knecht: bedürftig, Zustimmung suchend	Der Krieger: Vertrauen, Kreativität, Mut
HERZ	Der Schauspieler: bedingte Liebe, bewahrend	Der Liebhaber/die Liebhaberin: großzügig, offen
KEHLE	Das stille Kind: unterdrückte Kommunikation, nicht geäußerte Emotionen	Der Kommunikator: ausgesprochen, wahrhaftig, offen
STIRN	Der Intellektuelle: rational, faktisch, rigide, trocken	Der Weise: flexibel, humorvoll, Kultivierung von Weisheit
KRONE	Der Egoist: arrogant, egozentrisch, unflexibel	Der Guru: Kultivierung von Anmut, Glückseligkeit, Dankbarkeit. Erkenntnis göttlicher Intervention

DIE CHAKREN UND DER PHYSISCHE KÖRPER

Die vitale Kraft des menschlichen Energiesystems lenkt Energie durch die subtilen Energiekörper. Sie ist der lebendige Bestandteil von uns, der unsere Gliedmaßen bewegt, uns unsere Emotionen fühlen lässt und uns vor Spannungen schützt. Die vitale Kraft steckt in allen Lebensformen und ist überall gleich. Die Formen unterscheiden sich, aber die Kraft bleibt die gleiche. Sie unterscheidet Leben von Nicht-Leben.

Diese Kraft gibt uns körperliche Energie. Sie verwendet dazu die Chakren als Leiter und regt die Hormonausschüttung in den endokrinen Drüsen an. Diese beeinflussen die Biochemie unseres Körpers und das Maß, in dem er die Energie verwendet. Auf physischer Ebene nennt man das Metabolismus. Wenn unser Körper überschüssige Hitze oder Flüssigkeiten speichert, hat das Einfluss auf die Art, wie der Körper Energie verarbeitet. Zu viel Hitze durch unausgesprochene Wut verursacht eine Entzündung

DIE CHAKREN UND DIE KORRESPONDIERENDEN

WURZELCHAKRA
Hormondrüse: **Nebennierenrinde**
Korrespondierende Körperteile: **Nieren, Blut, Skelett**
Die physischen Probleme, die zum Wurzelchakra gehören, beeinflussen die Füße, Knie und Hüften und umfassen die Entstehung von Arthritis, Nierensteinen, Osteoporose, Knochenproblemen und Autoimmunkrankheiten.

SAKRALCHAKRA
Hormondrüse: **Eileiter bei Frauen/Hoden bei Männern**
Korrespondierende Körperteile: **Geschlechtsorgane, Blase, Gebärmutter/Prostata**
Eine Fehlfunktion des Sakralchakras kann bei Frauen zu Endometriose, Sterilität, chronischen Menstruationsbeschwerden, Myomen und Problemen mit den Eileitern und dem Gebärmutterhals führen; bei Männern zu Prostatabeschwerden, Unfruchtbarkeit, sexuellem Fehlfunktionieren und Ischias.

Unten **Die Sphinx steht für das spirituelle Mysterium der Menschheit. Sie hat den Körper eines Tiers und den Kopf eines Menschen. Wenn wir über das menschliche Energiesystem aufsteigen, folgen wir dem Evolutionsprozess unserer animalischen Natur zu unserer spirituellen Fähigkeit zu Liebe, Freude und Genesung.**

HORMONDRÜSEN UND KÖRPERTEILE

NABELCHAKRA

Hormondrüse: **Bauchspeicheldrüse**

Korrespondierende Körperteile: **Magen, Leber, Galle, Bauchspeicheldrüse, Dünndarm, Muskeln**

Erkrankungen, die durch ein unausgewogenes Nabelchakra entstehen, sind Verdauungsstörungen, Magensäure, Magengeschwüre, Hepatitis, Gallensteine, Entzündungen der Bauchspeicheldrüse und Diabetes.

HERZCHAKRA

Hormondrüse: **Thymusdrüse**

Korrespondierende Körperteile: **Herzbeutel, Herz, Lunge, Kreislauf**

Eine Fehlfunktion des Herzchakras kann zu Aderverkalkung, Rachenentzündung, Herzinfarkt, Herzrhythmusstörungen und Verengungen von Herz und Lunge führen. Es beeinflusst ebenfalls die Lunge durch Lungenentzündung, chronische Bronchitis und Tuberkulose.

KEHLCHAKRA

Hormondrüse: **Schilddrüse**

Korrespondierende Körperteile: **Kehle, Mund, Zähne, Kiefer, Ohren**

Erkrankungen, die mit dem Kehlchakra verbunden sind, sind Halsschmerzen, Kehlkopfentzündung, Taubheit, Zahnfäule, Zahnfleischprobleme, Erkrankungen am Kiefergelenk und Hals- und Nackenprobleme.

STIRNCHAKRA

Hormondrüse: **Hypophyse**

Korrespondierende Körperteile: **Augen, Nebenhöhlen, Schädelbasis, Schläfenlappen**

Probleme, die mit einem fehlfunktionierenden Stirnchakra einhergehen, finden sich im Bereich von Intelligenz und Dummheit, Langeweile und Überarbeitung. Sie können zu Migräne, Blindheit und anderen Augenproblemen, wie grüner und grauer Star, Hirntumoren und Schlaganfällen führen.

KRONENCHAKRA

Hormondrüse: **Zirbeldrüse**

Korrespondierende Körperteile: **Schädeldach, Hirnrinde, Haut**

Eine Fehlfunktion des Kronenchakras führt zu Problemen beim Lernen, der Perzeption und der spirituellen Erkenntnis. Die körperlichen Probleme, die sich ergeben können, sind Epilepsie, Farbenblindheit, Alkoholismus, Nervenstörungen, Neurosen und Schlaflosigkeit.

des Bluts. Wenn die Flüssigkeit im Körper zu sehr gestaut wird, bekommt man Schnupfen, wird überschüssiger Schleim produziert und können sogar Tumore entstehen.

Unser Körper ist eine energetische Landkarte. Er hat keinen eigenen Geist, sondern fungiert als Spiegel des höheren Geists. Er zeigt uns, wo sich das Ungleichgewicht befindet. Wir müssen den Körper als Landkarte aus emotionalen Unterdrückungen betrachten, um zu verstehen, was auf einem höheren Niveau geschieht. Der Körper verwendet Energie, die von den Chakren freigesetzt wird. Wenn ein Chakra verstopft ist, verläuft das Filtern von Energie träge. Physisch erfahren wir das durch Kälte und einen Mangel an Lebensenergie. Wir können müde sein, uns nicht wohl fühlen oder Verstopfung haben. Bei zu viel Energie im Chakra ist uns heiß, sind wir reizbar und träge.

DIE HEILENDE KRAFT DER ENERGIE

Wenden Sie sich an Ihren Arzt, wenn Sie Beschwerden in diesen Chakragebieten haben. Neben einer Diagnose Ihrer Beschwerden könnten Sie ebenfalls das Bedürfnis haben, sie mithilfe guter Alternativen zu heilen. Lesen Sie dazu bitte das Kapitel „Chakra-Heilung" *(siehe S. 110)*. Es ist möglich, Schmerzen und andere körperliche Symptome ohne schwerwiegende medizinische Eingriffe zu lindern. Wenn Sie seit Jahren bestimmte Beschwerden haben, kann es nützlich sein, sich zu erinnern, welche emotionalen Erfahrungen Sie in der Zeit hatten, als ihre physischen Probleme begannen. Wenn Sie sensitiv und energetisch bewusst sind, sind alternative Heilmittel den chemischen vorzuziehen. Die angeborene Heilkraft des Körpers wird durch energetische Behandlungen angeregt. Wenn Sie sich kompetent beraten lassen, werden Sie erkennen, dass es gute Möglichkeiten gibt, um körperliche Beschwerden zu heilen.

Sobald Sie herausgefunden haben, zu welchem Chakra Ihre körperlichen Beschwerden gehören, können Sie die Affirmationen und Meditationen in diesem Buch verwenden, um das Gleichgewicht und die Harmonie wiederherzustellen, ungeachtet der Heilmittel, die Sie verwenden möchten.

DIE CHAKREN UND DER EMOTIONALE KÖRPER

Emotionen haben großen Einfluss auf unsere Heilung. Sie gehen aus unseren Wünschen und Erwartungen hervor, die wir an unser Leben stellen. Wenn wir über etwas unglücklich sind, verspüren wir Aggression, Angst oder Trauer. Ob wir uns dieser Gefühle bewusst sind und ihnen einen Platz in unseren Erfahrungen geben können, beeinflusst unser Energieniveau. Wenn wir unsere Gefühle unterdrücken, schließen wir sie in unserem Unterbewusstsein ein. Dort hemmen sie den Energiefluss aus den Chakren.

Unausgedrückte Aggression lähmt unsere Muskeln und hindert uns daran, zu reagieren und in Bewegung zu kommen. Sie setzt sich in unserem Nacken und in der Kehle fest, wenn wir unsere Gefühle nicht in Worten ausdrücken. Wenn wir ausholen wollen würden, kann die Aggression in unseren Schultern und Oberarmen stecken bleiben. Wenn wir in unserem Leben stagnieren, weil wir böse und frustriert sind, entstehen Blockaden in den Waden und Schenkeln. Wir leben in einer Gesellschaft, in der es unüblich ist, Gefühle zu äußern. Dennoch müssen wir Wege finden, unsere Gefühle zu teilen. Wenn wir Trauer oder Angst verbergen, enthalten wir uns die Möglichkeit vor, zu wachsen. Wenn wir vorgeben, alles sei in unserem Leben in Ordnung, während das nicht so ist, schneiden wir uns von unserer eigenen Lebendigkeit ab. Wir sind mehr als unsere Gefühle, mehr als unser Körper und mehr als unsere Gedanken. Wenn wir jedoch unseren Körper oder unsere Emotionen leugnen, versagen wir uns Energie, die wir für Kreativität und Gesundheit brauchen. Je reifer wir werden, desto mehr lernen wir, wie wir mit unseren Emotionen umgehen müssen. Emotionen führen uns auf den Weg der richtigen Handlung. Wenn wir wissen, was wir fühlen, wissen wir, wie wir diese Emotion richtig äußern können. Letztendlich sind Emotionen Energie. Wie wir diese zum Ausdruck bringen, ist an uns.

EIN CHAKRA VISUALISIEREN

Ein Chakra ist in drei Teile unterteilt: dem äußeren Rand, dem Körper und der Spitze, in der unser Schicksal gelagert ist. Der äußere Rand des Chakras fungiert als ein Filter für unsere tägliche Interaktion mit unserer Umgebung. Wenn wir unsere Gefühle nicht ausdrücken, häuft sich diese Energie - energetischer Abfall - an und schwächt unser Energiesystem. Dadurch entstehen Symptome der Müdigkeit, Alterung und Krankheiten.

Der Körper des Chakras besteht aus einem feinen Netz esoterischer Energie, gewebt aus unseren Gedanken und Vorstellungen. Wenn wir ein bestimmtes Gefühl zu etwas haben, beeinflusst das unsere emotionale und dadurch auch unsere energetische Reaktion.

Im Kern (oder der Spitze) des Chakras befinden sich die Samen unseres Schicksals. Diese Samen öffnen sich erst dann, wenn unsere negativen und einschränkenden Ideen über uns selbst verschwunden sind, weil diese unsere Energie blockieren. Sobald wir mit der innerlichen Arbeit beginnen und uns selbst bekräftigen und achten, entfaltet sich unser Schicksal. Unser Leben ändert sich sichtbar. Wir können mehr genießen: mehr Liebe, mehr Fülle, mehr Bewusstsein.

Wenn wir unseren Wert und unsere Entscheidung für Gesundheit, Fülle und Ruhe bekräftigen, reagiert das Leben darauf. Menschen, die sich selbst bekräftigen, merken, dass das Leben einfacher wird und dass genug da ist. Energie folgt dem Gedanken. Das Schicksal entfaltet sich, wenn wir uns für das Gute und Positive öffnen. Gesundheit, Freude, Wohlergehen und Wohlbefinden entstehen aus der Sicherheit, dass wir das Leben verdienen, das wir uns wünschen.

Wir lenken unser Schicksal, indem wir unsere Gedanken beherrschen. Wir werden entweder innerlich gelenkt, überzeugt von unseren Werten und unserer Güte und zufrieden mit uns selbst, oder wir werden von Außen gelenkt und diktiert vom Druck der Familie oder gesellschaftlichen und religiösen Normen.

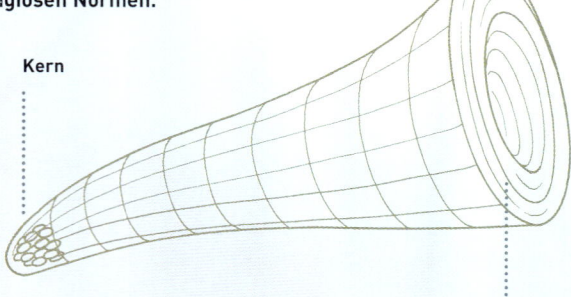

Kern

Äußerer Rand

EMOTIONALE EFFEKTE

Die Chakren sind äußerst empfänglich für unsere Gedanken und Gefühle. Unausgedrückte Wut oder Frustrationen können sich als Muskelverspannung anhäufen. Implodierte emotionale Energie kann das Chakrasystem überlasten. Sie kann das Gleichgewicht stören und verhindern, dass wir Energie positiv anwenden.

WURZELCHAKRA

Das Wurzelchakra wird durch Aggression beeinflusst, die in Wut oder Gewalt umschlagen kann. Wenn sie nicht geäußert wird, wird man defensiv und ängstlich. Indem man die emotionale Ladung um sich selbst herum entdeckt und sein Territorium verteidigt, öffnet man bislang ungekannte Energiereserven, die man für Kreativität und eine gesunde Lebensweise einsetzen kann.

SAKRALCHAKRA

Das Sakralchakra reagiert weniger aggressiv und emotional. Es ist der Sitz von Genuss und Wohlbefinden. Wenn wir diese Emotionen nicht spüren, werden wir frustriert. Und wenn wir etwas spüren, ist es oft ein Verlangen nach oder ein Mangel an Liebe, Sex, Geld und Freude. Der Frust oder die Gefühle von Verlust, die mit diesem Chakra einhergehen, können aufgehoben werden, wenn wir lernen, dankbar zu sein für was wir haben und diese Energie in einen ausgewogenen Lebensstil umzusetzen und uns positiv ausdrücken.

NABELCHAKRA

Die Emotionen des Nabelchakras haben mit Macht zu tun. Sie spiegeln unser Verhältnis zu innerer Kraft und Selbstwert wieder und helfen uns, für uns selbst einzutreten. Wenn wir uns mit Macht Rat wissen, handeln wir vertrauensvoll und fühlen wir uns in fast jeder Entscheidung frei. Sind wir uns unsicher, ob wir wirklich Recht auf Macht haben, werden wir Situationen vermeiden, die eine zustimmende Reaktion erfordern.

HERZCHAKRA

Das Herzchakra ist das Zentrum der Liebe. Es öffnet uns für die Liebe zu uns selbst und zu anderen. Es befähigt uns, mitfühlsam zu sein und Freude und Leidenschaft zu empfinden. Wenn das Herz Liebe ausdrückt, werden alle Aspekte in unserem Leben von Liebe durchdrungen und bereichert es uns. Das Herz ist die Essenz der Freude.

KEHLCHAKRA

Das Kehlchakra drückt unsere Emotionen in Worten und Tönen aus. Wir schnurren, wenn wir zutiefst glücklich sind, seufzen bei Traurigkeit, grummeln, wenn wir böse sind und es schnürt uns die Kehle zu, wenn wir Angst haben. Es ist der Kanal für Kommunikation und Kreativität. Durch unsere Kehle singen wir freudig, beten wir um Frieden oder schreien wir vor Schmerzen. Für unsere Lebensentwicklung ist es essentiell, dass wir von unserem Recht überzeugt sind, offen und ehrlich unseren Gefühlen gegenüber zu sein.

STIRNCHAKRA

Das Stirnchakra regelt unsere emotionalen Reaktionen. Wenn eine Situation Gefühle bei uns auslöst, bestimmt das Stirnchakra, wie wir darauf reagieren. Wenn wir uns erlauben zu fühlen, können Emotionen erfahren werden und wieder verschwinden. Wenn wir unsere Gefühle unterdrücken, kehren sie in unser Unterbewusstsein zurück und blockieren unsere Energie.

KRONENCHAKRA

Das Kronenchakra hat nur eine einzige Emotion: Glückseligkeit. Dieser Zustand wird als ein freudiges Gefühl des Göttlichen umschrieben. Hat man es einmal erfahren, droht es alle anderen Emotionen in den Hintergrund zu drücken. Glückseligkeit spüren wir, wenn wir uns nicht mehr mit den niedrigeren Zentren identifizieren. Diese Glückseligkeit wird oft Transzendenz genannt.

Oben **Wenn wir unsere vitale Energie für Willensstärke einsetzen, entwickeln wir die Fähigkeit, uns anmutig, präzise und konzentriert zu bewegen.**

Linke Seite **Ein Chakra kann mit einem großen Kegel verglichen werden. Der äußere Rand fängt den täglichen Stress auf. Der längliche Körper besteht aus den Einstellungen und Auffassungen über das Leben. Die Samen unseres Schicksals befinden sich in seiner Spitze und können sich erst öffnen, wenn wir den Rest des Kegels von aller Negativität gereinigt haben.**

DIE CHAKREN UND DER GEISTIGE KÖRPER

Unsere Lebenseinstellungen sind die Wiederspiegelung unserer Erziehung: wie unsere Eltern über das Leben dachten, welche Normen in Schulen und Kirchen und welche Wertvorstellungen in unserer Kultur gelten. Es kostet Zeit, viele Fehler und eine große Verpflichtung dem Leben gegenüber, um zu lernen, selbst zu denken. Wenn wir zu gesunden Einstellungen gelangt sind, die einen friedlichen, inneren Zustand reflektieren, wird unser Denken klarer und haben wir weniger Vorurteile darüber, wie wir sein müssten. Je positiver wir sind, desto stabiler ist unser Energiesystem.

WURZELCHAKRA

Wenn unsere Lebensweise bedroht wird, wird das Wurzelchakra aktiviert und können wir schroff und sogar gehässig werden. Die Erkenntnis, dass wir in unserer Gemeinschaft zuhause sind und das Recht haben, unseren Lebensstil zu behalten, hilft uns toleranter und mitfühlender zu werden.

SAKRALCHAKRA

Das Sakralchakra beherbergt unsere Einstellungen zu Geld, Gesundheit, Genuss und das Gefühl, ein Recht auf etwas zu haben. Sexualität ist neben Geld mit den meisten Zwängen behaftet. Wie Menschen darüber denken, wirkt sich unmittelbar auf ihre persönliche Energie aus. Strenge Vorstellungen davon, was Genuss ist, führen zu Entbehrungen und letztendlich Krankheiten.

NABELCHAKRA

Das Nabelchakra ist der Sitz der Gedanken über Macht, Vertrauen und Entscheidungsfreiheit. Wenn wir uns selbst nicht schätzen, können unsere Vorstellungen über Macht zu- oder abnehmen. Wenn wir wissen, wer wir sind, sublimieren wir sorgfältig unsere Macht und haben die Freiheit, das zu wählen, was gut für uns ist.

HERZCHAKRA

Das Herzchakra enthält Vorstellungen über unsere Würdigkeit, um Liebe zu geben und zu empfangen. Je mehr wir uns selbst lieben und die Wunden der menschlichen Verletzlichkeit akzeptieren, desto mehr Liebe wir für andere empfinden. Das Herz ist der Sitz der Freude. Wir heilen unser Herz, wenn wir dem Leben freude- und liebevoll begegnen. Wenn wir lernen, unsere Liebe dem Herzen eines anderen Menschen anzuvertrauen, ist unser Herz erfüllt. Das Herz sehnt sich nach Vertrauen in Liebe.

KEHLCHAKRA

Das Kehlchakra wird vom Geist beherrscht. Wenn wir uns mühelos äußern, kann das Kehlchakra unsere Wahrheit gewandt und elegant ausdrücken. Im Kehlchakra stimmen wir Bewusstsein auf den höheren Geist ab. Indem wir einen stillen Geist entwickeln, können wir die Stimme unserer Seele hören.

STIRNCHAKRA

Im Stirnchakra wird unsere Mentalität formuliert. Es ist das Kontrollzentrum unseres Geistes. Unsere Intelligenz können wir verwenden, um Harmonie oder Streit zu schaffen. Wenn wir eins sind mit uns selbst, haben wir wenig Gedanken und ist unser Geist still. Im Konflikt streiten wir mit unserem Geist und versuchen wir die beste Lösung für unsere Probleme zu finden. Das Stirnchakra funktioniert ganzheitlich. Es betrachtet das Leben von einer völlig anderen Perspektive und weist uns den Weg zu heilsameren Entscheidungen.

KRONENCHAKRA

Das Kronenchakra öffnet den Weg zum höheren Denken. Hier sehen wir das Gesamtbild und stehen über den Belanglosigkeiten des Lebens. Das Kronenchakra ist global, sogar universell, in seiner Herangehensweise an Situationen oder Menschen. Es hat eine spirituelle Dimension, die uns lehrt, den Ursprung eines Konflikts zu sehen, nicht nur mit unserem Herzen, sondern auch mit unserem Verstand.

Oben **Das Stirnchakra lässt uns das Gebiet der Kenntnis und inneren Weisheit entwickeln. Es regt uns an, uns das Leben so vorzustellen, wie wir es leben möchten.**

Rechts **Die Funktion eines gesunden Stirnchakras ist es, neue Fähigkeiten zu lernen. Es gibt dem Geist die Energie, einen sichtbaren Lebensweg zu ebnen, auf dem wir unsere Gaben und Talente verfeinern können.**

Unten **Einstellungen zu Sexualität und Freude sind im Sakralchakra verankert.**

	PHYSISCHE EBENE	EMOTIONALE EBENE	GEISTIGE EBENE
WURZELCHAKRA	DRÜSEN: Die Angriffs- oder Verteidigungsfunktion der Nieren wird aktiviert.	Aggression, Wut, Gewalt, Eifersucht.	Innere Einstellung von Trennung, Exklusivität, Territorium, Zugehörigkeit, Recht auf eigenen Raum
SAKRALCHAKRA	EILEITER/HODEN: Die Fortpflanzungsorgane, die die sexuelle Entwicklung beherrschen.	Genuss, sich gut fühlen, Gefühl des Rechts auf Dinge, Freude, sich schlecht fühlen, Eifersucht, sich auf körperlicher Ebene schlecht versorgen.	Innere Einstellung zum Sein und zu Fülle, Erkenntnis, dass man das Leben verdient, das man sich wünscht, Freude und Wohlbefinden, Erfreuen an guter Gesundheit, Geringschätzung von Leiden
NABELCHAKRA	BAUCHSPEICHELDRÜSE: Das Organ, das Zucker verarbeitet. Es beherrscht auch die Verdauung.	Selbstwert, Vertrauen, Macht, klare Entscheidungen für Eigenheit.	Innere Einstellung von Zufriedenheit mit sich selbst und das Wissen um den Selbstwert, Verbindung mit der eigenen Autorität aus einem bekräftigten Gefühl der Individualität heraus.
HERZCHAKRA	THYMUSDRÜSE: Durch Schmerz und Krankheit eine starke Immunität entwickeln.	Fähigkeit zu Liebe und Mitgefühl für andere.	Innere Einstellung von Glück, Freude, Behagen, wissen, was und wer glücklich macht, das Leben umarmen.
KEHLCHAKRA	SCHILDDRÜSE: Beherrscht den Stoffwechsel und beeinflusst körperliche und geistige Entwicklung.	Gefühle freilassen, indem man sich äußert. Dazu gehören Weinen, Schreien, Lachen und sagen, dass man unglücklich, zufrieden oder froh ist.	Klares Wissen, dass das Äußern der Wahrheit der Schlüssel zur Individualität ist. Die Wahrheit sagen, nicht lügen, übertreiben oder lästern.
STIRNCHAKRA	HYPOPHYSE: Beeinflusst den Stoffwechsel, das Wachstum und die Hormone, unter anderem jene, die für eine Entbindung benötigt werden.	Sich selbst zugestehen, Gefühle zu erfahren, ungeachtet ihrer Art. Entscheiden, wann man diese Gefühle äußern will.	Innere Einstellungen, die selbstbestätigend, akzeptierend und komplett sind. Verständnis für die eigenen Einschränkungen und die anderer entwickeln; Dankbarkeit verfeinern.
KRONENCHAKRA	ZIRBELDRÜSE: Produziert Melatonin und reguliert unsere biologische Uhr.	Glückseligkeit verfeinern und sich ihr ergeben.	Ganzheitliche und universelle Prinzipien der Akzeptanz, Entwicklung von Respekt und die Erkenntnis, dass wir niemals etwas ohne die Hilfe einer höheren Macht tun.

Die SPIRITUELLE
Dimension

Die spirituelle Ebene öffnet den Weg zum alles
durchdringenden Bewusstsein der Wahrheit,
Liebe und Weisheit. Sie gibt unserem Leben
ein Ziel und lehrt uns, den eigenen inneren
Lebensweg zu achten.

GEDANKEN

Die Chakren reagieren auf eine gefühlige und intelligente Art und Weise auf unsere Gedanken und Einstellungen. Sie spiegeln die Art unseres Glaubenssystems im Niveau der Energie wieder, die sie filtern. Je nach unseren Einstellungen verfügen wir über ein größeres oder eingeschränkteres Energiefeld.

Die meisten Menschen denken nicht über ihre Grundprinzipien nach. Wenn wir uns ansehen, wie wir uns selbst beurteilen und unsere freude und unser Wohlbefinden einschränken, begreifen wir, dass wir damit auch unsere Energie hemmen. Selbstbetrachtung kann uns helfen, um Vitalität, Gesundheit und Glück in uns zu mehren. Bei einer unbeugsamen Gesinnung erscheint der energetische Gegenpol in den Chakren und manifestiert sich in unserem Körper. Wenn wir eine zu starre oder unstrukturierte Einstellung haben, wiederspiegelt sich das in unseren Chakren.

Energie folgt dem Gedanken. Wenn wir glauben, dass das Leben schwer ist und wir Risiken vermeiden müssen, ist unser Energiesystem zurückhaltend und begrenzt. Der Energiefluss ist träger, insbesondere in den ersten drei Chakren, die die unbewusste Einstellung zu Familie, Clan oder Gemeinschaft enthalten. Wenn wir glauben, dass das Leben siegen wird und wir durchaus mal ein Risiko eingehen können, werden wir mit der nötigen Energie gesegnet. Wenn wir unser Selbstbewusstsein sublimieren, funktionieren unsere Chakren optimal und nähren sie unser System. Ein positives Bewusstsein öffnet die Türen für Energie, sodass sie zu unserem höchsten Gut und größten Genuss fließen kann.

Die Intelligenz eines jeden Chakras zeigt uns, welche Lebensfragen, Qualitäten und Herausforderungen zu jedem Chakra gehören. Wir können sehen, welche negativen Einstellungen den Energiefluss hemmen und wie positive Gesinnungen unsere Energie transformieren.

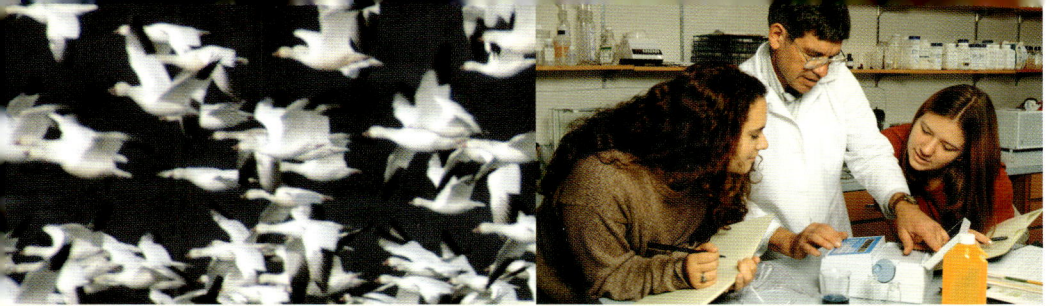

WURZELCHAKRA

Intelligenz: organisatorisch
Seelenlektion: Hilfsbereitschaft

Die Intelligenz des Wurzelchakras hilft uns bei der Organisation unserer Lebenskraft. Sie hängt mit den Qualitäten Ordnung, Sicherheit, Struktur und Stabilität zusammen, die für eine lebensfähige Existenz erforderlich sind. Sie fördert stark unser Gefühl, dass wir ein Recht auf das Leben haben, das wir wollen. Wenn das Leben problematisch und schwer gewesen ist, kann es aufschlussreich sein, sich seine Familienmitglieder in der Vergangenheit einmal vor Augen zu halten. Waren sie misstrauisch, oder gingen sie von Unsicherheit und Verzweiflung aus? Wir müssen unser Vertrauen in die Güte des Lebens, auch in schwierigen Zeiten, verfeinern. Je mehr innere Stabilität wir schaffen können, desto stärker wird die Basis unseres Lebens und desto besser können wir mit Veränderungen umgehen.

SAKRALCHAKRA

Intelligenz: Empfindung und Freude
Seelenlektion: Frieden und Weisheit

Das Sakralchakra eröffnet eine Welt von Gesundheit, Genuss und Fülle. Wenn wir uns das vorenthalten, führen wir ein eingeschränktes Leben. Genuss hilft uns, das Leben friedvoll und freudig zu führen, ein Leben reich an Weisheit über die einfachen Dinge des Lebens. Je mehr Ruhe und Freude wir uns gönnen, desto mehr Energie haben wir für die schwierigen Aufgaben im Leben.

Je mehr wir uns unseres Verhaltens zu Sinnlichkeit, Sexualität, Ruhe, Fülle und Freude bewusst werden, desto reifer wir werden. Und wenn das geschieht, sind wir nicht mehr der Werbung und dem Marketing ausgeliefert, die uns das Gefühl vermitteln wollen, dass wir irgendwo versagen. Sobald wir wissen, was uns Freude macht und Ruhe bringt, neigen wir nicht mehr zu Kompensationskäufen, die uns ein „gutes Gefühl" geben.

NABELCHAKRA

Intelligenz: instinktives Wissen
Seelenlektion: menschliche und göttliche Liebe

Das Nabelchakra beschleunigt, wenn wir unsere persönliche Identität im ewigen Sein verankern. Das ist eine Herausforderung für die Schubladen, in die wir uns selbst stecken, um uns selbst zu identifizieren und wodurch wir unser wahres Ich einschränken. Wenn andere ein bestimmtes Bild von uns haben und das akzeptieren oder respektieren, versuchen wir dieses Bild instand zu halten. Dabei vermeiden wir, an unserer spirituellen Art und unserem wahren Ich zu arbeiten. Die Entwicklung einer gesunden Einstellung zu Persönlichkeit, Entscheidungsfreiheit, persönlicher Macht und Vertrauen basiert auf dem Band, das wir mit unserem Selbstwertgefühl haben. Sobald wir uns dessen bewusst werden, befreien wir unsere Lebenskraft und setzen Energie zum Leben frei.

HERZCHAKRA

Intelligenz: Erinnerung an das Gute
Seelenlektion: Brüderlichkeit und Liebe

Die Grundhaltung des Herzchakras basiert auf Liebe, Mitgefühl und Heilung. Die Entwicklung eines offenen Herzchakras entsteht aus der Erkenntnis, dass wir selbst Liebe sind. Je reifer wir werden und je weniger Hilfe wir von außen brauchen,

Oben links **Alle Lebensformen haben Instinkte. Unser instinktives Wissen ist mit dem Magen verbunden, der uns intensive Reaktionen auf Situationen und Menschen spüren lässt. Das hat eine Selbstschutzfunktion, ist aber auch für unseren spirituellen Selbsterhalt erforderlich.**

Oben rechts **Lernen eröffnet uns neue Türen zu neuen Gebieten des Bewusstseins, in dem nicht angesprochenes Potenzial entwickelt werden kann. Durch Wissen lernen wir, wie wir die Herausforderungen des Lebens bewältigen können.**

Linke Seite **Feuerwehrleute, Polizisten und Soldaten müssen Menschen schützen. Sie helfen, die Ordnung, Struktur und soziale Gerechtigkeit zu wahren. Dies sind die Qualitäten des Wurzelchakras.**

desto besser können wir selbst Liebe geben. Wunden, die durch Wut oder Verlust entstanden sind, können heilen, wenn wir diese Einstellung sublimieren. Wenn wir erwachsen sind, können wir Liebe pflegen und unserem Leben Erfüllung bringen. Liebe erfüllt und ist immer in unserem Herzen.

Das Bedürfnis des Herzchakras zur Liebe ist seine einzige Triebfeder. Es gedeiht bei gegenseitigen Gefühlen in Beziehungen, sodass es friedlich, warm und mit einem Gefühl der Einheit funktionieren kann. Seinem Herzen erlauben, seine Aufgabe zu erfüllen, darum geht es bei der Arbeit des Körper-/Geist-/Seelenkontinuums.

KEHLCHAKRA

Intelligenz: Wille und Ausdruck
Seelenlektion: Ausdruck des göttlichen Willens

Die Einstellungen des Kehlchakras nähren einen Glauben an das Heilige des persönlichen Ausdrucks. Dieses Chakra öffnet sich, wenn wir uns selbst zur Wahrheit verpflichten. Die Unterdrückung „negativer" Gefühle, höflich bleiben und keine Aufregung verursachen wollen, blockieren dieses Chakra und schwächen unsere Lebenskraft. Eine wesentliche Haltung dabei ist, dass das, was wir sagen, wichtig ist. Der Glaube an uns selbst heilt dieses Chakra. Wenn wir in einer Familie groß geworden sind, in der alles, was wir sagten, bagatellisiert wurde, ist es jetzt wichtig, für uns selbst aufzukommen. Indem wir nun mit größtmöglicher Integrität sprechen, werden

Ganz oben **Das Herzchakra ist das Energiezentrum, das Paare vereint und emotionale Wunden heilt.**

Oben **Das Kronenchakra ist das herrschende Zentrum für jene, die Frieden, spirituelle Lehren und Heilung für die Menschheit bringen.**

wir glaubwürdige, entschlossene und vernünftige Erwachsene, denen vertraut werden und auf die man bauen kann.

STIRNCHAKRA

Intelligenz: Kontrolle und Weisheit
Seelenlektion: Objektivität und Intuition

Das Stirnchakra reift mit dem Alter und der Erfahrung. Es entwickelt das Denken darüber, wer wir sind und hilft uns bei schwierigen Entscheidungen. Die Fähigkeit, uns vor Angriffen, ungesunden Situationen oder Menschen zu schützen, nährt unsere innere Klarheit und Kraft. Gesunde Einstellungen, die auf Liebe und Respekt für uns selbst und andere gründen, helfen uns bei der Verfeinerung unseres Urteilsvermögens. Das wiederum lehrt uns, die richtigen Entscheidungen zu treffen. Durch flexible, offene Einstellungen und eine große Liebe für uns selbst und für andere können wir unser Leben mit Anmut und Weisheit führen.

KRONENCHAKRA

Intelligenz: spirituelles Verständnis
Seelenlektion: eins sein mit der Quelle

Ein gesundes Kronenchakra öffnet uns für ein spirituelles Verständnis der Einheit des Lebens. Es gründet auf dem Glauben, dass alle Ebenen gleich sind in einer größeren Wirklichkeit, die die Quelle des Lebens anerkennt. Wir lernen, dass wir immer von einer höheren Macht liebevoll geführt und geschützt werden. Wenn wir dieses Verständnis mit unseren Lebenserfahrungen verbinden, können wir unseren Geist in schweren Zeiten in Sicherheit bringen. Denn dann erkennen wir, dass jedes Ereignis mehr Liebe und geistige Vertiefung bringt.

DIE KUNST DES MEDITIERENS

Meditation ist eine Methode, mit der man negative Gedanken wie Unglück, Hass oder Hoffnungslosigkeit umsetzen kann. Wenn wir unglücklich sind oder uns nicht vorstellen können, dass wir jemals frei von emotionalen und körperlichen Beschwerden sein werden, kann Selbstreflexion nützlich sein. Wem oder was können wir vertrauen? Was ist beständig? Was lernen wir über uns selbst in schwierigen Zeiten?

Es hilft uns, unsere Negativität in einem breiteren Spektrum zu sehen und über unsere Selbstsucht hinauszublicken. Wenn wir lernen, unsere Gefühle und Reaktionen zu relativieren, können wir uns besser entspannen und gewinnen wir unser Vertrauen in das Leben zurück, auch wenn etwas geschehen ist, was unser Fassungsvermögen übersteigt. Es gibt uns Hoffnung, wenn wir uns verloren fühlen.

Nehmen Sie sich einen Moment Zeit, um eine schwierige Situation zu überdenken. Diese Momente kennzeichnen sich durch Unruhe, Anspannung, Angst, Zweifeln oder Hoffnungslosigkeit. Sie bringen die schlechtesten, negativsten Aspekte unserer Persönlichkeit hervor, dort, wo wir keinen Kontakt mehr mit unserem höheren Ich haben, in dem wir das Licht Gottes nicht mehr sehen und in Hoffnungslosigkeit und Angst verfallen.

Es kann Tage, Wochen, Monate und sogar Jahre dauern, bevor wir uns von solchen negativen Situationen gelöst haben. Uns überfallen Gefühle von Verlust, Verrat, Trennung und Wut. Wenn wir sie jedoch ehrlich anerkennen, geben wir der Macht unserer Gefühle nach und lernen gleichzeitig uns selbst kennen. Wir bemerken, dass etwas Unauslöschliches und Permanentes existiert, auf das unsere Emotionen keinen Einfluss haben. Das ist unser Selbst, das unveränderliche Fundament unserer Existenz.

Betrachten Sie die Situation. Fragen Sie sich, was Sie fühlen. Urteilen Sie nicht. Sie ist Teil Ihrer Erfahrung. Fragen Sie sich, was permanent ist. Welcher Teil davon wird nicht durch Veränderung beeinflusst. Und wie fühlt sich das an?

Fragen Sie sich selbst anschließend, ob Sie andere Gedanken oder Gefühle hatten, die mit dieser Situation zusammenhingen. Waren Sie verwirrt, überwältigt oder zurückhaltend? Können Sie diese Gefühle so belassen, wie sie sind: Echt, aber nicht wahr?

Haben Sie Schlussfolgerungen aus dieser Situation gezogen? Haben Sie etwas gelöst, indem Sie diese Gefühle erfahren haben?

Diese Aspekte können Sie von einem Leben voller Verleugnung oder Chaos befreien, die Sie bei sich selbst oder bei anderen bemerken. Wenn Sie Ihrem Gefühl vertrauen und der Macht Ihrer Fähigkeit, die Wahrheit zu erkennen, können Sie auch das Notwendige für Ihre Gesundheit und Ihr Wohlbefinden tun.

Vertrauen Sie der Quelle, die Ihnen die Erkenntnisse zeigt, die Sie brauchen, sodass Sie mitfühlend und liebevoll und sich selbst und anderen treu sein können. Seinen Sie still, und tun Sie nichts. Nehmen Sie sich Zeit, eins zu werden mit sich selbst. Wenn Sie die Wahrheit akzeptieren, erfahren Sie sich selbst und das wird Sie heilen.

Unten **Meditation besänftigt den Geist und bringt Ruhe. Sie erlaubt unserem kleinen, engstirnigen Ego eins zu werden mit der höheren Macht des Ichs, das immer gesund, komplett und bewusst ist. Durch Meditation verbinden wir uns mit unserem Geist und empfangen wir Richtlinien für ein ethisches und ausgeglichenes Leben.**

AFFIRMATIONEN FÜR DIE CHAKREN

Diese praktische Übung hilft Ihnen, einige negative Einstellungen, die mit den einzelnen Chakren zusammenhängen, auf eine positivere Form auszurichten.

WURZELCHAKRA

Negative Einstellungen: Die negativen Einstellungen beim Wurzelchakra beziehen sich auf Hoffnungslosigkeit und das Einnehmen einer Opferrolle. Diese Einstellungen können zu Gewalt und Hass führen. Die Gefühle entstehen, wenn unser Leben bedroht wird. Solche Gedanken drücken wir mit Worten wie „es lohnt sich nicht"; „ich will sterben"; „so ist das Leben unerträglich" aus. Sie zeugen von einer Distanz vom Leben und einem Mangel an Vertrauen in seine natürliche Güte.

Unten links **Zu den negativen Vorstellungen, die mit dem Wurzelchakra einhergehen, gehört das Gefühl, dass das Leben sich nicht lohnt. Es ist sehr wichtig, eine positive Einstellung zu entwickeln.**

Unten rechts **Wenn wir uns für die Schönheit der Natur öffnen, können wir Frieden und ein Gefühl der Einheit mit der Welt erfahren.**

Affirmationen für das Wurzelchakra

ICH GLAUBE, DASS DIE GÜTE DES LEBENS MIR ZUR SEITE STEHT.
ICH BIN ZUHAUSE, WO IMMER ICH BIN.
ICH ENTSCHEIDE MICH FÜR DAS LEBEN.
ICH BESTÄTIGE MEIN RECHT AUF DAS LEBEN, DAS ICH WILL.
ICH VERFEINERE FESTENTSCHLOS-SENHEIT, STABILITÄT UND EINE GESUNDE STRUKTUR, WODURCH ICH ÄNDERUNGEN IM LEBEN MEISTERN KANN.
ICH AKZEPTIERE MICH, WIE ICH BIN.
ICH BIN DANKBAR FÜR DIE ERFAHRUNGEN IN MEINEM LEBEN.

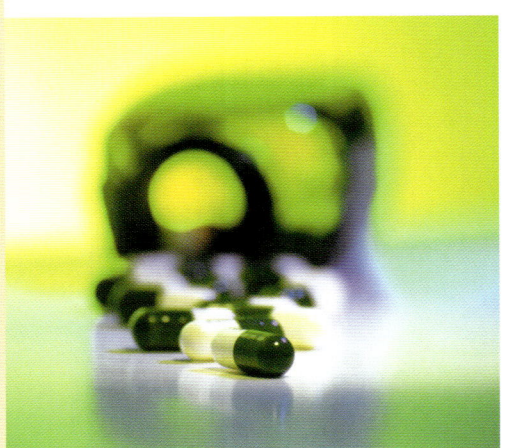

Positive Einstellungen: Alle positiven Einstellungen des Wurzelchakras zeugen von einem spirituellen Glauben an die Güte des Lebens. Sie beinhalten Vertrauen und ein Gefühl der Dazugehörigkeit. Sie erzählen, dass Liebe und Hilfe uns in schweren Zeiten helfen können. Sie kommen möglicherweise nicht in der Form, in der wir glauben, sie zu brauchen, aber wenn wir innerlich still sind, können wir sie spüren. In der Freundlichkeit eines Fremden, und auf andere warme und zärtliche Weisen.

SAKRALCHAKRA

Negative Einstellungen: Die negativen Einstellungen des Sakralchakras sind mit dem Gefühl verbunden, Recht auf ein gutes Leben zu haben. Wenn wir glauben, dass wir kein gutes Leben verdienen, oder keine einfachen Freuden erfahren dürfen, fühlen wir uns elend und unglücklich. Wir geben anderen ein Schuldgefühl, weil sie unser Leben nicht verbessern. Ungesunde Einstellungen betonen die Leere. Sie greifen unsere Energie an und beschränken unsere Lebenskraft. Sie durchdringen uns von strengen Einstellungen und trennen uns gleichzeitig von Ruhe, Freude und Genuss.

Affirmationen für das Sakralchakra

ICH LASSE FREUDE UND GÜTE IN MEINEM LEBEN ZU.
ICH WEISS, DASS ICH RECHT AUF GÜTE UND FREUDE HABE.
ICH AKZEPTIERE, DASS ICH VON NATUR AUS GESUND BIN.
ICH WILL FÜLLE ERFAHREN.
ICH ÖFFNE MICH FÜR EINFACHE UND HEILENDE VERGNÜGEN.
ICH VERFEINERE GESUNDHEIT, GANZHEIT UND RUHE.
ICH VERDIENE ES, FRIEDEN IN MEINEM LEBEN ZU ERFAHREN.

Unten **Respekt vor unserer Gesundheit und unserem Wohlbefinden kommt dem Sakralchakra zugute. Die Pflege des physischen Körpers hilft uns, eine positive Einstellung zu unserem Gefühl zu bekommen und Recht auf etwas zu haben.**

Positive Einstellungen: Wir können unsere negativen Einstellungen in positive umwandeln, indem wir eine gesunde Sichtweise auf unseren Körper entwickeln. Dazu müssen wir die Bedürfnisse unseres Körpers respektieren. Das Finden eines Gleichgewichts zwischen Arbeit und Ruhe, Anstrengung und Entspannung lehrt uns, gesunde Grenzen zu erkennen. Wir können zu der Erkenntnis gelangen, dass wir Recht auf etwas haben, indem wir uns zärtlich und pfleglich um unseren Körper kümmern. Das schafft die Möglichkeit zur Ruhe und verstärkt unser Recht auf Freude.

NABELCHAKRA

Negative Einstellungen: Jedesmal, wenn wir unsere wesentlichen Werte leugnen, verlieren wir unsere Macht und erschöpfen wir dieses Chakra. Die Basis des Nabelchakras ist die Akzeptanz unseres inneren Wertes als eine Person mit individuellen Rechten. Diese beziehen sich auf Respekt vor unserem Sein und seinem Wert. Ob die Dinge nun laufen oder nicht, beeinflusst unser Selbstwertgefühl nicht. Es gibt nichts zu verhandeln und nichts wird von externen Umständen bestimmt. Negative Einstellungen, die unser Selbstsein leugnen, entziehen uns Liebe, Freundlichkeit und Respekt. Sie erniedrigen uns, indem sie uns manipulieren und ausbeuten lassen.

Positive Einstellungen: Wenn wir uns selbst achten, lassen wir eine ganze Welt von Respekt, Freundlichkeit und Güte zu. Wenn wir den Reichtum unseres Seins anerkennen, gehen wir auf Menschen zu, die uns als Individuum achten und unseren Wert bekräftigen. Wenn wir uns selbst für wertvoll halten, werden andere uns freundlich und respektvoll begegnen. Wenn wir „ja" zu uns selbst sagen, werden manche Menschen uns aus ihrem Leben verbannen, andere werden uns mit Respekt begegnen. Zu Anfang kann es sich befremdlich anfühlen, sein Selbstwertgefühl zu sublimieren. Gönnen Sie sich Zeit, lassen Sie es wachsen und sich entwickeln. Geben Sie sich nicht mehr oder weniger oder unwürdiger, als Sie sind.

Affirmationen für das Nabelchakra

ICH WEISS, DASS ICH LIEBE, INTELLIGENZ UND GÜTE BIN.
ICH BIN EIN GUTES LEBEN WERT.
ICH VERTRAUE DARAUF, DASS MIR DAS LEBEN BEI JEDER ÄNDERUNG HELFEN WIRD.
ICH WENDE MEINE MACHT MIT WEISHEIT AN.
ICH ENTSCHEIDE MICH FÜR LEBEN, LIEBE UND GÜTE.
ICH BIN IN KONTAKT MIT DER QUELLE MEINER MACHT.
ICH BIN EIN STRAHLENDES UND VOLLSTÄNDIGES WESEN, UND ICH KANN MEINEN LEBENSPFAD FINDEN.

HERZCHAKRA

Negative Einstellungen: Die Angst, Liebe zu geben und zu empfangen, verhindert, dass Gesundheit, Freude und Güte in unser Leben kommt. Angst ist das Gegenteil von Liebe. Das Herz wird schwächer, wenn wir die Dinge meiden, die wir angenehm finden und wir unter Verlusten leiden. Das Unterlassen von Dingen, die wir angenehm finden, hindert das Herz an seinem Hauptziel: Lieben.

Positive Einstellungen: Wenn Liebe der Kern unserer Existenz ist, können wir schwierige Zeiten meistern. Bei dieser Einstellung bleibt unser Geist offen und unser Herz lebendig. Die Erkenntnis, dass wir Liebe sind, ist Teil unseres ganzen Wesens. Sie hilft uns, eine positive Einstellung anderen gegenüber zu entwickeln und heilt Wunden, die durch Schmerzen, Verlust oder Trennung entstanden sind. Liebe ist das größte Geschenk an uns selbst. Sie vervollkommnet uns.

Affirmationen für das Herzchakra

ICH MÖCHTE GELIEBT WERDEN.
ICH BIN LIEBE.
LIEBE IST DAS ZENTRUM MEINES LEBENS.
DAS LEBEN HEILT UND ERNEUERT MICH.
LIEBE IST DAS EINZIGE, WAS IM LEBEN WIRKLICH ZÄHLT.
LIEBE VERBINDET MICH MIT DEM UNENDLICHEN.

Unten **Sich öffnen für Liebe und Freundschaft ist wichtig für die Gesundheit des Herzchakras.**

KEHLCHAKRA
Affirmationen für das Kehlchakra

ICH SPRECHE MEINE WAHRHEIT UND ACHTE MEINE VERPFLICHTUNG ZUR WAHRHEIT.
ICH DRÜCKE MICH SO EHRLICH WIE MÖGLICH AUS.
ICH TEILE MEINE GEFÜHLE RUHIG UND MÜHELOS MIT.
ICH LEBE AUS MEINER INTEGRITÄT HERAUS.
ICH TEILE MICH MIT, OHNE ANDEREN MEINE WAHRHEIT AUFZUDRÄNGEN.
ICH DRÜCKE MICH SO KREATIV WIE MÖGLICH AUS.
ICH HORCHE AUF MEINE INNERE WAHRHEIT.

Negative Einstellungen: Die Angst, unsere Wahrheit auszusprechen, blockiert und hemmt unsere Energie. Wenn wir glauben, kein Recht auf Meinungsäußerung zu haben oder keiner uns zuhört, entmutigen wir unsere Lebenskraft und leugnen wir die wertvolle Gabe der Kommunikation. Lügen, Drogenmissbrauch und Tratschen beschädigen die kostbaren Fasern des Kehlchakras. Sie entziehen uns unsere natürliche Güte und unsere Wahrheit. Wenn wir Gefühle aussprechen, ohne danach zu handeln, untergraben wir unsere persönliche Integrität. Wenn wir lügen oder tratschen oder unseren Körper mit Drogen vergiften, verlieren wir an Glaubwürdigkeit und Respekt.

Positive Einstellungen: Die Achtung der Wahrheit und diese integer aussprechen, macht uns zu verantwortlichen Erwachsenen. In der Erkenntnis, dass wir etwas zu sagen haben und dass es sich lohnt zu sagen, sind wir sinnvoll. Wir erweitern das Kehlchakra und öffnen unser Energiefeld. Wir lernen, dass persönliche Wahrheit und die höhere Wahrheit Gottes heilig sind. Hilfreich ist es zudem zu lernen, wann und wie wir unsere Wahrheit sagen müssen, damit andere darauf reagieren können.

STIRNCHAKRA

Negative Einstellungen: Alle negativen Ideen gehen aus der Überzeugung hervor, dass wir nicht genügen. Wir sind nicht sympathisch genug oder unwürdig, das Leben zu führen, das wir führen möchten. Wenn wir uns mit einem Mangel an Selbstwert identifizieren, achten wir unser wahres Licht nicht. Zynismus und Negativität machen uns hässlich und alt. Hochmut und Abspaltung von unserem wahren Ich führen zu Egoismus und Narzissmus. Selbstgefälligkeit begrenzt unsere Wahrheit ebenso wie unsere Vitalität.

Positive Einstellungen: Die wesentliche Überzeugung, dass wir es wert sind, Güte zu erfahren, heilt unseren Geist. Wenn wir das Beste von uns selbst akzeptieren, können wir klare Grenzen ziehen, sodass wir bei einem Angriff nicht untergehen. Wenn wir unseren Wert erkennen, wissen wir, wer oder was für uns die höchsten Werte sind. Die Liebe zu uns selbst verfeinert unser Gefühl für Humor, macht unseren Lebenspfad freudiger und öffnet unser Energiefeld.

Affirmationen für das Stirnchakra

MEINE LIEBE FÜR DAS LEBEN
WIDERSPIEGELT SICH IN ALLEM, WAS
ICH SEHE UND TUE.
ICH ERKENNE MEINE WERTE UND
AKZEPTIERE MEINE GÜTE.
ICH BIN KOMPLETT.
ICH KANN DAS GUTE VON DEM
UNTERSCHEIDEN, WAS MEINE
STIMMUNG DRÜCKT.
ICH SCHÖPFE WEISHEIT AUS MEINER
VERGANGENHEIT UND HEILUNG AUS
DER GEGENWART.
ICH VERWENDE MEINE INTELLIGENZ
UND INTUITION ZUR ERHELLUNG
MEINES LEBENSPFADS.

KRONENCHAKRA

Negative Einstellungen: Die selbstgefälligste Überzeugung ist, dass man es alleine schafft. Dieser Gedanke stärkt das Ego und gibt ihm einen Freibrief zur Ausbeutung und Manipulation, wodurch es uns nicht gelingt, außerhalb unseres beschränkten Ichs eine höhere Macht anzuerkennen. Diese Einstellung pflegt Arroganz, falschen Stolz und ein aufgeblasenes Ich, das sich einbildet, unüberwindlich zu sein. Es trennt uns vom Kontakt mit anderen und hält das Herz verschlossen vor Liebe und Genesung.

Affirmationen für das Kronenchakra

ICH ERKENNE EINE SPIRITUELLE
ANWESENHEIT IN MEINEM LEBEN AN.
ICH SEHE DIE EINZIGE, WAHRE
REALITÄT.
TROTZ MEINER EINSCHRÄNKUNGEN
WIRKT GOTT IN MEINEM LEBEN.
ICH BIN OFFEN FÜR DIE HEILENDE,
SPIRITUELLE KRAFT IN MEINEM
LEBEN.
DAS GÖTTLICHE FÜHRT MICH AUF
MEINEM LEBENSPFAD.
ICH LÖSE MICH VON ANGST,
ZWEIFELN UND SCHMERZEN UND
AKZEPTIERE, DASS ICH EIN
GESEGNETES LEBEN HABE.
ICH ÜBERGEBE MEINE ARROGANZ
UND MEIN EGO EINER HÖHEREN
MACHT ALS ICH ES BIN.

Positive Einstellungen: Gesunde Haltungen des Kronenchakras sind Dankbarkeit für das Leben und Demut vor der Güte. Wenn wir uns bewusst werden, dass Gott uns liebt, schützt und führt, verankern wir unser Bewusstsein in einer anderen Realität, die viel mehr auf Glauben als auf Besorgnis gründet. Unser Leben wird mit Beseeltheit und Anmut und erfüllt. Wir trennen uns von den kleinen, nichtigen Ärgernissen, die uns aus dem Gleichgewicht bringen. Spirituelles Bewusstsein vertieft unser Leben, gibt ihm Bedeutung und ein höheres Ziel.

Links **Eitelkeit ist eine negative Einstellung des Stirnchakras. Wenn wir glauben, in den Augen anderer anders sein zu müssen, drücken wir damit aus, dass wir uns selbst nicht sympathisch oder wertvoll finden. Dann achten wir unser wahres Selbst nicht.**

Oben **Arroganz, Stolz und Egoismus sind negative Einstellungen des Kronenchakras. Demut und Dankbarkeit öffnen unsere Herzen für Liebe und Heilung.**

BEDEUTUNG DER
Chakren

Wer seine eigenen Energiefelder zu beherrschen lernt, erreicht ein Niveau an Kraft und Vitalität, das ihm ermöglicht, sein Lebensziel zu finden und zu erfüllen. Das erste Mittel zur Heilung dessen im Leben, was aus dem Gleichgewicht oder unvollständig ist, ist ein besseres Verständnis des eigenen Energiefelds.

DAS WURZELCHAKRA
MULADHARA
Wurzel oder Unterstützung

Das Wurzelchakra hält das Leben lebendig und lässt es fortdauern. Es vereint alle Qualitäten, unter anderem Beständigkeit und Stabilität, wodurch unsere Existenz auf geordnete Weise stattfinden kann. Es steht auf gleicher Stufe mit der einfachen Aktivität des Überlebens. Es richtet sich sowohl auf Schutz und Nahrung, als auch auf die Dinge, die unser Leben fortbewegen. Es gedeiht bei einem Gefühl der Sicherheit, das Chaos und Böses auf Abstand hält und es schenkt uns letztlich die Geduld und Anwesenheit, um unsere Träume in Erfüllung gehen zu lassen.

Das Symbol des Wurzelchakras

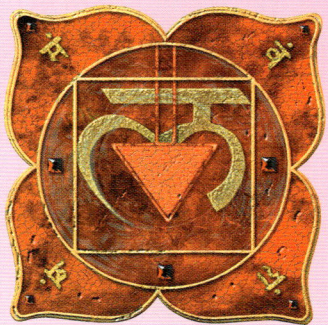

Wurzelchakra ————

QUALITÄTEN UND EIGENSCHAFTEN

Eine der Funktionen des Wurzelchakras ist der Bau einer Struktur, die unser Leben unterstützt. Wenn unsere Strukturen nicht stabil genug sind, uns zu tragen, zweifeln wir an unserem Recht auf das, was wir wollen.

Sicherheit ist ein Aspekt des Wurzelchakras, wodurch wir konzentriert und geerdet bleiben. Wenn wir uns unsicher fühlen, verlieren wir Energie und fürchten um unsere Existenz. Die Pflege eines tiefen Gefühls innerer Freiheit hilft uns in unsicheren Zeiten das Wurzelchakra aktiv zu halten.

Das Wurzelchakra ist der Träger aller Überlebensqualitäten unserer Vorväter. Wenn sie um ihr Leben oder für ein besseres Leben gekämpft haben, gehören ihr Mut und ihre Hartnäckigkeit zu unserem genetischen Erbe. Spirituelle Qualitäten werden, ebenso wie die Veranlagung für Krankheiten, in der Familie weitergegeben. Schwierige Situationen können wir dank der Qualitäten unserer Ahnen meistern. Wir profitieren von ihrem Mut, der Gerissenheit, Heimlichkeit und einem erbarmungslosen Verlangen zu leben. Alles das befindet sich in unseren Wurzelchakren.

Das Wurzelchakra beherrscht die Fluchtoder Angriffsreaktion, die die Nebennierenrinde anregt. Sie fördert den Adrenalinfluss im Blut, wenn wir angegriffen werden und versetzt uns in den Überlebensmodus.

Wenn wir geduldig, erfinderisch und hoffnungsvoll sind, verankert sich das Wurzelchakra in der Erde. Es wird stärker, wenn wir positiv und offen für Möglichkeiten sind. Es lässt Stabilität und innere Kraft zu. Die Hauptqualität dieses Chakras ist die Verankerung unseres Geistes in der Realität.

Sitz: Im Perineum unten an der Wirbelsäule

Resonanzalter: Befruchtung bis 7

Form: Großer Kubus

Zugeordnete Drüse: Nebennierenrinde (beim Menschen oberhalb jeder Niere), die einige Steroide abgibt, unter anderem die Kortikosteroide Kortisol und Kortikosteron

Farbe: Rot

Musiknote: C

Musik: Trommeln

Element: Erde

Einsichten: Organisatorisch

Sinnliche Erfahrung: Geruch

Ätherische Öle: Zimt, Knoblauch, Sandelholz

Edelsteine: Rubin, Blutstein, Hematit

Planeten: Erde, Saturn

Sternzeichen: Steinbock

Metall: Blei

Orte auf der Erde: Indianerreservate und ihr heiliges Land. Das heilige Land aller uransässigen Völker.

Mythologisches Tier: Weißer Elefant mit Rüsseln

Pflanze: Salbei

Eigenschaften: Geduld, Struktur, Stabilität, Sicherheit, Fähigkeit zur Verwirklichung von Träumen

Lebensthemen: das Materielle als heilig betrachten, Vertrauen anstatt Hoffnungslosigkeit, Durchhalten

Körperliche Aktivitäten: Yoga, jede Form von Bewegung, bei der die Beine und Füße aktiviert werden. Jede Aktivität, die erdet, physisch ist und Anwesenheit erfordert

Spirituelle Aktivitäten: Betrachtung von Schönheit und Perfektion der Natur

Positiver Archetyp: Mutter

Negativer Archetyp: Opfer

Engelsgegenwart: Erzengel Michael, Anführer der himmlischen Heerscharen gegen die Kräfte des Bösen

ARCHETYPEN

POSITIV: die Mutter

Die Mutter ist eine Person, männlich oder weiblich, die nährend, positiv und hoffnungs- voll ist. Mütter fördern, erkennen an und bekräftigen unser Sein durch Liebe, Freund- lichkeit und den absoluten Glauben an das Gute des Lebens. Sie machen dunkle Momente im Leben erträglich, weil sie Hoff- nung auf ein positives Ergebnis vermitteln.

NEGATIV: das Opfer

Das Opfer ist eine Person, die aufgrund äußerer Umstände nicht in der Lage ist, regenerierende Kräfte zu sammeln und im Leben weiterzukommen. Opfer bleiben dank der Güte und Großzügigkeit anderer Mächte am Leben und haben nur geringe Chancen auf einen erneuten Kontakt mit dem Leben, wenn sie dazu von anderen abhängig bleiben. Sie können zeitweilig invalide sein, oder Opfer von ängstigenden Umständen, oder völlig entwurzelt von einem vorigen Leben sein.

DER EINFLUSS DES WURZELCHAKRAS

Wir alle erleben Augenblicke in unserem Leben, in denen unser Erfindungsreichtum und unsere Geduld auf die Probe gestellt werden. Wenige haben gelernt, innerlich einfallsreich zu sein, wenn was schief geht. Ein gesundes Wurzelchakra ist spannkräftig und flexibel. Es kann sich anpassen und bei Veränderungen geerdet bleiben.

Stellen Sie sich einen Baum vor, der in einem bestimmten Klima gewachsen ist, in einem bestimmten Boden, mit einer bestimmten Menge an Sonne, Wasser und Wind. Wenn man diesen Baum umpflanzt und in ein anderes Lebensklima stellt, würde er entweder nicht wachsen, oder sterben. So geht es auch uns Menschen. Wenn wir aus welchen Gründen auch immer entwurzelt werden und umziehen müssen, suchen

DAS WURZELCHAKRA UND DIE NEBENNIERENRINDE

Die Nebennierenrinde ist der äußere Teil der Nebennieren (der innere Teil heißt Medulla). Die Nebennierenrinde produziert Kortikosteroide, die die Säure- und Alkalinitätsniveaus der Zellen im Gleichgewicht hält. Sie gibt Aminosäuren ab, fördert die Produktion von Leberglykogen und von Glukose und kontrolliert die Herzaktivität und den Blutdruck. Sie kontrolliert ebenfalls die Adrenalinausschüttung, die bei Unfällen, Spannungen oder Bedrohungen unsere Angriffs- oder Fluchtreaktion in Gang setzt. Die Adrenalinreaktion kann unser Leben in jeder lebensbedrohlichen Situation retten. Die Nieren enthalten die Vitalität und Lebenskraft unserer Vorfahren. Wir sind von ihrer gesunden Funktion abhängig, um im Leben verankert zu bleiben.

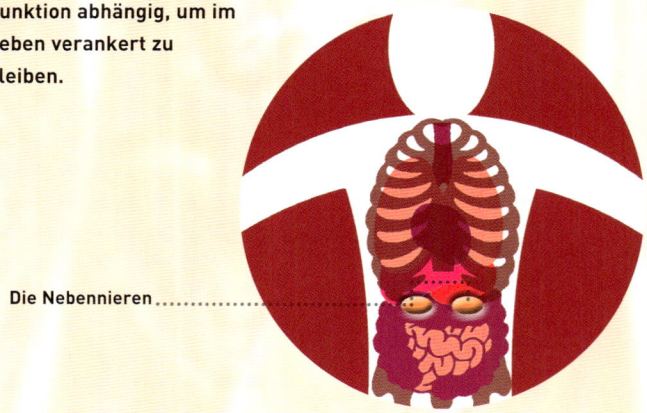

Die Nebennieren..........................

wir stets vertraute Lebenssituationen. Wir brauchen optimale Verhältnisse, um Veränderungen bei uns selbst oder in unserer Umgebung vornehmen zu können.

Obwohl wir eine anpassungsfähige und mobile Kultur sind, fallen wir in Krisensituationen auf unsere Überlebensinstinkte zurück und suchen Schutz, Nahrung, Wasser und Wärme. Das sind die Fundamente unseres Lebens, die vor Komfort, Macht, Liebe oder Gedankengut gehen.

In Krisen suchen Menschen einander auf. Das Band zwischen Stämmen und Clans hält Menschen in Zeiten der Veränderung aufrecht und hilft bei der Stabilisierung des Wurzelchakras.

Wenn wir uns in ungewohnten Umständen in neuen Situationen befinden, wird unser Wurzelchakra instabil und kämpfen wir um den Erhalt unseres inneren und äußeren Gleichgewichts. Ein stabiles und permanentes Band mit dem finden, was echt und wahr ist, kann uns jedoch helfen, die Veränderung zu meistern. Das Wissen um die höchsten und ewigen Wahrheiten der Quelle kann uns tragen, wenn unsere Basis und unser Geist geschwächt sind. Ein spirituelle Kontext, in den wir unsere Lebenserfahrungen einbetten können, ist eine emotionale Hilfe.

In seiner Struktur enthält das Wurzelchakra die Einstellungen zum Leben. Wenn unsere Vorväter gekämpft haben und das Leben für riskant hielten, werden wir eine grundlegende Überzeugung geerbt haben, dass das Leben schwer ist und wir kämpfen müssen. Wenn das Wurzelchakra durch Krieg, Hunger und Chaos beeinflusst wurde, werden alle Menschen eine Art von Fehlfunktion in diesem Chakra haben. Wenige Menschen sind wirklich in einem positiven und liebevollen Gefühl für das Leben geerdet.

Wir sind alle entwurzelt oder von den schweren Zeiten im Leben beeinflusst. Entweder unmittelbar, oder durch unsere Familiengeschichte. Die Erfahrungen unserer Vorväter und Familienmitglieder in schweren Zeiten sind eine genetische Erinnerung, die wir mit uns tragen. Jedes Mal, wenn wir angespannt sind oder uns bedroht fühlen, reagieren wir aus dem heraus, was wir am meisten befürchten. Wir zweifeln an unseren Überlebenschancen und meinen, kein Recht auf das Leben zu haben, das wir uns wünschen.

Wenn wir uns darüber im Klaren sind, dass die Vergangenheit keinen Einfluss auf uns hat, sind wir frei, die Geschehnisse in unserem Leben frei zu interpretieren und werden dazu ermutigt, für uns selbst aufzukommen und durchzuhalten. Wenn das Wurzelchakra zu viele Einschränkungen erfährt und uns vorschreibt, wie das Leben zu sein hat, werden wir unter dem Gewicht von Traditionen, Familiennormen und religiösen Geboten begraben. Wir sind jedoch mehr als das Produkt unserer Erziehung, Ausbildung oder unseres Glaubens. Wir sind mehr als unser Körper, unsere emotionale Stabilität und unser geistiger Rahmen. Wenn wir unser Bewusstsein auf der Grundlage erweitern, auf der das Leben basiert - einem spirituellen und ewigen Bewusstsein - bleiben wir gelassen bei den veränderlichen Umständen, die uns beeinflussen.

Wenn Menschen ausschließlich im Wurzelchakra leben, identifizieren sie sich übertrieben mit Land, Traditionen, Heim und Familie statt mit der eigenen Individualität und den eigenen Talenten.

Wenn Menschen nur im Wurzelchakra leben, sind sie sich nur der kleinen Unterschiede bewusst, die Menschen und Nationen trennen. Sie sehen nicht das große Ganze eines Volkes, eines Planeten. Die Eliminierung dieses Gefühls ist Teil der Heilung des Wurzelchakras. Wir öffnen die Wurzel, sodass sie ein Anker für unseren Geist sein und Einheit statt Trennung manifestieren kann.

Der Archetyp des Wurzelchakras ist die Mutter. Sie nährt, pflegt und erfüllt Bedürfnisse. Wenn wir sie ehren, ehren wir uns selbst. Wir werden unsere eigene gute Mutter, wenn wir uns selbst lieben und pflegen. Wir bleiben geerdet, wenn wir lernen in uns hinein zu horchen, unseren Bedürfnissen zu vertrauen und uns dem Guten, Kompletten und Nährenden zuwenden. Das hilft uns, die Negativität aus unserem Leben zu verbannen und einfach, aufrichtig und integer zu leben. Die Heilung unserer Wurzel ist lernen, dass wir mehr als unsere Eltern können und mehr als sie sind. Wir erweitern unseren Horizont und unsere Möglichkeiten, sodass das Leben wächst statt schrumpft. In der Quintessenz werden wir das Beste, das wir sein können, indem wir die inneren Qualitäten des Wurzelchakras entwickeln. Dann können wir uns anpassen, Veränderungen bewirken und kreativ leben.

DAS WURZELCHAKRA BETRETEN

Wir können lebensfähige und gesunde Wurzelchakren entwickeln, wenn wir unser Recht auf ein gutes Leben bekräftigen, indem wir ehren, wer wir sind. Ohne Einschränkungen aufgrund von Rasse, Religion, Alter oder Nationalität können wir einfacher „ja" zum Leben sagen. Mit starken Wurzeln bekräftigen wir unser Recht auf Anwesenheit und entscheiden uns für Gesundheit und Wohlbefinden. Immer wenn wir uns nach den einschränkenden Vorschriften definieren, was wir zu tun haben und mit wem wir umgehen, beschränken wir unsere Lebensentscheidungen. Wir definieren uns über Rasse, Religion, Kultur, Alter, Geschlecht und sexuelle Orientierung. Wir heilen unser Wurzelchakra, indem wir Entscheidungen treffen basierend auf Wachstum, Reife und spiritueller Entwicklung.

Ein engherziges Wurzelchakra kann hasserfüllt und voller Vorurteile und kleinlicher Einstellungen sein, die uns vorschreiben, was wir zu tun und zu lassen haben. Kulturen, die die Expressivität und Kreativität ihrer Menschen auf Basis von traditionellen Einstellungen beschränken, haben unflexible Wurzelchakren.

Wir schätzen die Schlichtheit von Drittweltländern und primitiven Völkern. Sie wahren ihre Integrität, indem sie klar bestimmen, wer Macht hat und wer nicht. Wir bewundern möglicherweise die Tatsache, dass ihre Gewohnheiten traditionell sind und das Band mit ihrer Familie und ihrem Clan ihre Kultur instand hält. Das geschieht jedoch auf Kosten des Individuums. Talente, Begabungen und Lösungen für Gemeinschaftsprobleme werden zu Gunsten von Inflexibilität und Vorurteilen geopfert.

Unser Wurzelchakra muss von Engstirnigkeit befreit werden, damit es funktioniert. Wenn wir begreifen, dass die Quelle in uns allen ist, öffnen wir uns eher für was uns vereint als für was uns trennt. Wir heilen das Wurzelchakra, wenn wir bekräftigen,

Links **Nach einem alten Mythos ist der Mann aus Ton geschaffen, in den Gott Leben einblies. Unsere Verbindung mit der Vergangenheit hält unser Leben einfach, kreativ und produktiv.**

Oben **Der Elefant ist das mythische Tier des Wurzelchakras. In Indien heißt er Ganesha. Er bringt Glück, Zufriedenheit und Gesundheit.**

dass wir Recht auf das Leben haben, das wir führen möchten. Die Erkenntnis, dass wir Recht auf Freude, Glück, Gesundheit und eine kreative Existenz haben, ist fundamental für unser Leben. Sie brauchen von niemandem Zustimmung. Sie brauchen auch keine Gründe für Ihre Entscheidungen zu haben, die Ihnen Glück, Stabilität und

Freude versprechen. Es kann anfangs schmerzhaft sein, sich von den Gesetzen zu befreien, die Ihnen von Familie, Kultur oder Religion vorgeschrieben werden, aber letztlich werden Ihre Wurzeln von der Art und Weise bestimmt, in der Sie leben, lieben und kommunizieren und von den Entscheidungen, die Sie in Ihrem Leben treffen.

MEDITATION FÜR DAS WURZELCHAKRA

Nehmen Sie sich einen Moment Zeit, an Ihre frühe Kindheit zurückzudenken. Können Sie sich an das Haus erinnern, in dem Sie groß geworden sind und an die Menschen, die Sie umgaben? Erinnern Sie sich, wie Sie als Kind waren. Haben Sie jetzt Eigenschaften, die Sie auch als Kind schon hatten? Erkennen Sie etwas in Ihrem Charakter in dem, wie Sie jetzt sind? Fragen Sie sich nach der Wahrheit über Ihre Vergangenheit und versuchen Sie herauszufinden, ob es ein logisches Muster gibt, das Sie zu der Person gemacht hat, die Sie heute sind. Welche Qualitäten schätzen Sie heute an sich selbst, die Sie als Kind nicht hatten? Sind Sie resoluter und vielleicht besser gerüstet, um mit Situationen umzugehen und dem Leben philosophisch zu begegnen? Wenn Sie dem Kind von damals einen Rat geben könnten, was würden Sie ihm sagen? Halten Sie dieses Kind in Ihrem Herzen und segnen Sie es, weil es instinktiv weiß, was es tun muss, um zu dem Menschen zu werden, der Sie heute sind.

stellen sie sich einen GROSSEN, ROTEN WÜRFEL unter ihrem RÜCKGRAT vor...

Atmen Sie nun einige Male tief ein und aus, als ob Ihr Atem bis in Ihr Gesäß gelangen muss. Stellen Sie sich vor, Ihr Atem durchdringt Sie bis in Ihr unterstes Rückgrat. Immer, wenn Sie einatmen, spüren Sie, wie die Luft Ihre Lebenskraft aktiviert und Sie mit Ihren Beinen und Füßen verbindet. Spüren Sie Ihre Füße auf dem Boden. Stellen Sie sich einen großen, roten Würfel unter Ihrem Rückgrat vor. Erweitern Sie seine Form und intensivieren Sie seine Farbe. Spüren Sie, wie sich das Gewicht dieses großen, roten Würfels in der Erde verankert. Spüren Sie, wie die Qualitäten Geduld, Stabilität, Struktur und Sicherheit Ihr Leben verfeinern. Sie schaffen einen Raum, in dem sich Ihre Träume offenbaren können, während Sie gleichzeitig eine realistische Einstellung zum Leben entwickeln. Spüren Sie, wie Sie Ordnung in Ihr Leben bringen und Lösungen für Probleme finden können, die Sie möglicherweise haben. Sie verfügen über alle inneren Quellen, die Sie brauchen, um Ihr Leben gut zu führen. Sie besitzen Reife, Ausdauer und Durchhaltevermögen, um Ihre Träume zu verwirklichen.

Haben Sie einen Traum, den Sie sich gerne

verwirklichen würden? Können Sie sich vorstellen, dass Sie die

Realität dieses Traums erfahren? Erlauben Sie, dass Gefühle der Erfüllung Ihr

Energiefeld erweitern, während Sie Ihr Bewusstsein auf die Unterseite Ihres Rückgrats

lenken. Vergrößern Sie noch einmal die Form des Wurzelchakras und vertiefen Sie die Farbe

Rot. Sagen Sie „ja" zu Ihren Träumen. Spüren Sie, wie die Energie aus diesem großen, roten Würfel

sich an Ihren Beinen entlang nach unten bewegt und über Ihre Füße in die Erde fließt. Erkennen Sie an,

dass Ihr Traum mit Geduld, Stabilität und einem Gefühl der Sicherheit Wirklichkeit werden kann.

Bekräftigen Sie Ihr Recht auf Leben. Sagen Sie „ja" zu allen Prüfungen, die Sie zu diesem Ort von Sensitivität

und Bewusstsein gebracht haben. So schwierig der Weg auch sein kann, sind Sie letztendlich nicht dankbar für

die inneren Qualitäten, die Sie entwickelt haben, den Mut, den Sie brauchten, um zu erreichen, was Sie gerne

wollten? Erkennen Sie die Gaben des Muts und des Durchhaltevermögens an, die Sie von Ihren Wurzeln aus

betreten haben. Die indianischen Ureinwohner Amerikas danken stets ihren Vorvätern. Sie wissen, dass wir

dank dem wachsen, was für uns getan wurde und dass die nächste Generation durch unser Handeln

heute wieder wachsen wird. Besiegeln Sie das Wurzelchakra mit einem Kreuz aus Licht innerhalb

eines Kreises aus Licht. Vergrößern Sie das Licht, sodass es Ihren gesamten Körper umfasst

sowie den Raum, in dem Sie sich befinden, die Stadt und das Land, in dem Sie wohnen

und den Planeten selbst. Spüren Sie, dass Sie immer Teil eines größeren

Ganzen sind und den Unterschied machen. Atmen Sie tief ein und

aus, während Sie Ihr Sein bekräftigen.

EDELSTEINE

RUBIN

Dieser wertvolle Stein enthält die Essenz von Vitalität und der regenerativen Kräfte. Eine Handvoll Rubine verstärkt und reaktiviert das Herz. Der Rubin steht für die Lebenskraft in ihrer gesamten Stärke und wird wegen seiner Schönheit und seines Feuers und Gefühls für Vitalität geschätzt.

BLUTSTEIN

Dieser Stein ist hellorange. Man sagt, dass er das Blut reinigen kann. Er verfügt über ein großes magnetisches Feld, das körperliche Beschwerden heilt, insbesondere da, wo das Blut stagniert oder unrein ist.

HÄMATIT

Der Hämatit ist eine Art magnetisches Erz mit einer hohen Dichte. Dank seiner silbernen Farbe ist er schön anzusehen. Tragen Sie diesen Stein bei sich, denn seine magnetischen Eigenschaften helfen bei der Erdung des Geistes.

FRAGEN ZUM WURZELCHAKRA

Die Fragen zum Wurzelchakra befassen sich mit Stabilität, Struktur, Geduld und Sicherheit. Ihre Kreativität und kreieren Sie innerlich diese Qualitäten über einen bestimmten Zeitraum hinweg. Sie erhalten sie durch die bewusste Erkenntnis ihrer Bedeutung in Ihrem Leben.

Geduld

- Sind Sie eine geduldige Person?
- Wissen Sie, wie Sie die Dinge im Laufe der Zeit zu Ihrem Vorteil lenken können?
- Können Sie warten, bis Ihre Projekte sich offenbaren, indem Sie konzentriert bleiben?
- Sind Sie süchtig nach schnellen Lösungen und direkten Ergebnissen?
- Sind Sie sich bewusst, dass Ihre Ungeduld Ihre Lebensenergie schwächt und kostbare Energie verbraucht, die Sie für Ihre Gesundheit und Ihr Wohlbefinden brauchen?
- In welchem Maße können Sie Ihre Ungeduld mit der Tatsache in Einklang bringen, dass Sie nicht vollständig anwesend sind?

- Ist Geduld oder Ungeduld ein Familienmerkmal?
- Woher kommen Ihr Mut und Ihre Ausdauer?

- Können Sie sich an Familienmitglieder erinnern, die Entbehrungen und Veränderungen gut durchgestanden haben?
- Welche Qualitäten möchten Sie gerne entwickeln, wodurch Sie geduldiger mit sich selbst und anderen werden?

Struktur

- Schaffen Sie sich ein Leben, das Ihr Sein optimal unterstützt?
- Finden Sie Erfüllung in dem Leben, das Sie sich gestaltet haben?
- In welchem Umfang müssen Sie die Strukturen, die Ihr Leben unterstützen, anpassen?
- Können Sie sich an einen Zeitraum in Ihrem Leben erinnern, in dem Sie sich unterstützt fühlten?
  - Können Sie sich diese Unterstützung zu eigen machen und in die Struktur Ihres Lebens einfügen?
  - Welche Qualitäten müssen Sie kultivieren, um das Leben zu erhalten, das Sie möchten?
  - Können Sie realistisch sein über die Art der Unterstützung, die Sie brauchen, um Ihr Leben zu führen?
  - Bauen Sie an permanenten Strukturen, die Ihnen in den schwierigen Momenten des Lebens weiterhelfen?
  - Welche Art von Unterstützung fehlt Ihnen?
  - Wie könnten Sie diesen Mangel aufheben?

Stabilität

- Wie stabil empfinden Sie Ihr Leben in diesem Moment?

- Haben Sie das Bedürfnis nach einer Verfeinerung der höheren Ebenen innerer Stabilität, um Sie durch die heutigen und künftigen Veränderungen zu lotsen?
- Wie würden Sie mehr Stabilität in Ihrem Leben schaffen?
- Muss dazu etwas geändert werden?
- Wie würden Sie Stabilität visualisieren? Gehört dazu ein Bild oder ein Gefühl?
- Was definieren Sie für sich selbst als Stabilität?
- Können Sie sich erinnern, dass Sie sich in der Vergangenheit stabil gefühlt haben?
- Ist Stabilität eine Qualität, die Sie in Ihrem Leben kennen?
- Möchten Sie Stabilität verfeinern, sodass Sie Ihre Ideale verwirklichen können?
- Stabil sein bedeutet, dass Sie konsequent in Ihren Entscheidungen für das Gute sind. Setzen Sie das in die Praxis um?

Sicherheit

- Wie sicher fühlen Sie sich über Ihr Leben?
- Sind die grundlegenden Bedürfnisse wie ein Dach über dem Kopf, Nahrung, Wasser und die Möglichkeit, in Krisenzeiten an das Notwendige heranzukommen, vorhanden?
- Ist Ihr Leben Ihrer Ansicht nach in der Realität verwurzelt, oder sind Sie von sich selbst abgeschnitten?
- Wissen Sie, was Ihnen Erfüllung und geistige Ruhe geben könnte?
- Können Sie sich auf Ihr höchstes Gut abstimmen und darauf vertrauen, dass Sie sich sicher fühlen, wenn Sie tun, was Ihren Geist erfüllt?
- Sind Sie innerlich sicher über das Leben und können Sie Änderungen mühelos meistern?

DIE FARBE DES WURZELCHAKRAS: ROT

Rot ist die Farbe der Lebenskraft. Rot steht für Mut, Leidenschaft, Wut und sogar Gewalt. Es ist die Farbe, die für die irdische Energie steht und uns auf dem Planeten verankert, auf dem wir stehen. Sie ist die sichtbarste Farbe im gesamten Spektrum und wird seit je her verwendet, um Gefahr, Gift oder Bedrohungen anzudeuten. Die Farbe zieht unsere Netzhaut nach vorne, sodass unsere Energie außerhalb uns selbst wirkt. Sie wärmt, heizt und färbt unser Blut. Zuviel Rot kann den Blutdruck heben und Reizungen verursachen.

○ Fühlen Sie sich sicher, wenn Sie wissen, dass Ihnen nichts geschehen kann, ungeachtet, was um Sie herum passiert?

○ Vertrauen Sie darauf, dass Sie geschützt und geführt werden, während Sie Ihr Leben führen?

○ Fürchten Sie sich vor dem, was außerhalb Ihrer Grenzen liegt?

○ Haben Sie Vorurteile über jene, die anders leben als Sie?

Manifestierung

○ Erlauben Sie sich, von dem Leben zu träumen, das Sie sich wünschen?

○ Gibt es Dinge oder Erfahrungen, die Sie gerne manifestieren würden?

○ Glauben Sie daran, dass höchstes Gut und größte Freude für Sie möglich sind?

○ Glauben Sie, dass Sie etwas in Ihrem Leben ändern müssen, damit Ihre Träume verwirklicht werden?

○ Glauben Sie, dass Sie Recht auf das haben, was Sie sich wünschen?

○ Können Sie geduldig sein und warten, bis sich Ihre Träume

○ Können Sie sich auf das konzentrieren, was getan werden muss, sodass Ihre Absichten Wirklichkeit werden?

○ Können Sie Ihre Träume in Ihr heutiges Leben integrieren, sodass sie Bestandteil der Dinge sind, die Sie täglich für sich selbst tun?

○ Sind Sie dankbar für die Dinge in Ihrem Leben jetzt?

○ Würdigen Sie die Träume, die in der Vergangenheit verwirklicht wurden?

Links **Das Wurzelchakra wird vom Planeten Saturn regiert. Er steht für Zeit, Veränderungen und Stabilität. Das Entwickeln von Geduld und Struktur sowie die Verfeinerung von Stabilität führen zu Sicherheit und zur Offenbarung unserer Träume und Wünsche.**

DER WEG AUS DER NEGATIVITÄT

○ **Kultivieren Sie Geduld, sodass Sie keine Energie mit Ärger oder Frustration verlieren, wenn Dinge nicht so laufen, wie Sie es geplant haben.**

○ **Gönnen Sie den Dingen Zeit, sich wieder zum Positiven zu wandeln. Wenn Sie zu Anfang eines Projekts keinen Erfolg haben, überdenken Sie es noch einmal und geben Sie den Dingen Zeit, sich im Licht positiver Affirmationen zu entwickeln. Letztendlich wird das geschehen, wenn Sie durchhalten.**

○ **Tun Sie, was notwendig ist, um bei Veränderungen stabil zu bleiben. Entwickeln Sie meditative Fähigkeiten und Möglichkeiten, Ihren Geist zu beruhigen. Lernen Sie, philosophisch zu denken, wenn Dinge ungewiss werden.**

○ **Lernen Sie, mit Veränderungen zu leben. Seien Sie flexibel und anpassungsfähig.**

○ **Seien Sie selbstsicher und davon überzeugt, dass letztendlich alles gut ausgeht.**

○ **Vertrauen Sie darauf, dass das Leben Sie durch schwierige Augenblicke lotst.**

○ **Verzweifeln Sie nicht, wenn die Dinge für Sie nicht gut laufen. Atmen Sie, gönnen Sie sich selbst die Zeit, zu überdenken, was essentiell und wichtig ist.**

○ **Machen Sie einen Plan, sodass Sie Ihre Träume in Erfüllung gehen sehen. Leben ohne einen Traum ist langweilig.**

○ **Seien Sie dankbar für das Leben, das Sie haben und sorgen Sie dafür, dass Sie möglichst viel Ordnung darin anbringen. Sollte dann etwas fehlschlagen, verfügen Sie über einige Reserven, auf die Sie zurückgreifen können.**

○ **Genießen Sie das Leben und verfeinern Sie Ihr Gefühl für Humor. Wir alle kennen Rückschläge und schwere Zeiten in unserem Leben. Wir lernen, einfallsreich zu sein und eine positive Sichtweise zu entwickeln.**

DAS SAKRALCHAKRA
SVADHISTHANA
Mein eigenes süßes Haus

Das Sakralchakra kontrolliert unsere physische Gesundheit und unser Wohlbefinden. Dieses Chakra lenkt unsere Lebenskraft bei der Bildung eines starken und lebensfähigen Immunsystems und hält den Körper funktionsfähig und aktiv. Es kontrolliert unsere Bewegungen und Emotionen und ist mit dem Element Wasser verbunden. Es wird unmittelbar davon beeinflusst, wie wir unsere Emotionen erfahren. Wenn wir unsere Gefühle festhalten, hält der Körper Flüssigkeit fest. Das führt zu Aufgeblähtheit und Schwellungen, ein Zustand, der idiopathisches Ödem genannt wird.

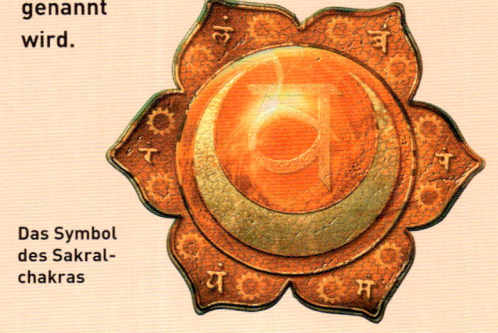

Das Symbol des Sakralchakras

Sakralchakra

QUALITÄTEN UND EIGENSCHAFTEN

Die Essenz des Sakralchakras ist die Kenntnis, dass das, was wir haben, genug ist. Dieses Chakra ist das Zentrum der körperlichen Fortpflanzung und beeinflusst direkt unsere sexuelle Reifung. Es beherrscht unseren Hunger nach Nahrung, Sex und Lust. Wenn wir zu viel davon bekommen, verbrennen wir vitale Energie, die von anderen Systemen in unserem Körper benötigt werden. Wenn wir zu viel Energie zurückhalten, hungert uns nach dem, was wir uns vorenthalten. Das Gleichgewicht zwischen Beherrschung und sich gehen lassen ist essentiell für die Funktion dieses Chakras.

Das Sakralchakra befasst sich mit unserem körperlichen Wohlbefinden. Das bedeutet, dass wir den Körper achten lernen, indem wir ihm geben, was er braucht: Nahrung, Ruhe, Freude, Arbeit und Bewegung.

Dieses Chakra befasst sich auch mit der Qualität des Rechts auf das Gute, das wir uns wünschen. Wir behandeln uns selbst gut, wenn wir uns diese Dinge zugestehen.

Freude ist eine andere Qualität des Sakralchakras: Es beherrscht unsere Fähigkeit, mehr Freude in unserem Leben zuzulassen. Wenn wir unser Leben verkomplizieren, nehmen wir unseren Erfahrungen die Freude. Die einfachsten Dinge können Freude und Spaß schaffen, und das nährt unser Chakra.

Es braucht Disziplin und Reife, um dieses Chakra ins Gleichgewicht zu bekommen. Missbrauch unserer Lebenskraft erschöpft unsere vitale Energie, wodurch wir krank und emotional unausgeglichen werden.

Ein gesundes Sakralchakra hat definierte Grenzen, die weder geöffnet noch geschlossen sind. Respekt vor diesen Grenzen nährt den Körper und lässt uns wissen, dass wir mit uns selbst zufrieden sein können.

Sitz: 0,5 cm unter dem Nabel und 0,5 cm im Becken

Resonanzalter: 7–14

Form: Pyramide

Zugeordnete Drüse: Eierstöcke/Hoden

Farbe: Orange

Musiknote: D

Musik: Lateinamerikanisch

Einsichten: Sinnesempfindungen/Lust

Element: Wasser

Sinnliche Erfahrung: Geschmack

Ätherische Öle: Jasmin, Neroli, Orangenblüten

Edelsteine: Karneol, Tigerauge, Onyx

Sternbild: Krebs, Skorpion

Planeten: Jupiter

Metall: Zinn

Orte auf der Erde: Brasilien

Pflanze: Jasmin

Mythologisches Tier: Ein hungriges Meeresmonster, das gefüttert werden will

Qualitäten: Wohlbefinden, Sexualität, Sinnlichkeit, Freude, Fülle

Lebensthemen: Wissen, dass wer man ist und was man macht, genug ist; genügend Ruhe, Nahrung, Bewegung, Freude und Geld; Selbstwert nicht mit dem verbinden, was man tut oder hat; gesunde Grenzen zum Schutz der vitalen Lebenskraft schaffen.

Körperliche Aktivitäten: Yoga, tanzen, schwimmen, gehen

Spirituelle Aktivitäten: Meditation, Zölibat, Fasten

Positiver Archetyp: Kaiser/Kaiserin

Negativer Archetyp: Märtyrer

Engelsgegenwart: Erzengel Metatron

ARCHETYPEN

POSITIV: der Kaiser/die Kaiserin

Der Kaiser/die Kaiserin ist eine Person, die die physische Welt genießt und sie respektiert. Kaiser und Kaiserinnen lieben die Fülle, das Wohlbefinden und den intensiven Genuss. Sie wissen, dass sie das Recht darauf haben, sich im Leben wohl zu fühlen und gutes Essen, Komfort und einigen Luxus zu genießen. Sie sind nicht unbedingt spirituell, aber sie fühlen sich auf der physischen Ebene zuhause und lieben ein gutes Leben.

NEGATIV: der Märtyrer

Märtyrer berauben sich selbst der einfachsten physischen Genüsse des Lebens. Meist fühlen sie sich von der Güte des Lebens betrogen. Sie strafen sich selbst, indem sie sich die Wärme und den Komfort entsagen, nach denen sie sich so sehnen. Sie stecken voller Schuldgefühle und projizieren diese auf andere, wodurch auch diese leiden.

DER EINFLUSS DES SAKRALCHAKRAS

Dieses Chakra verkörpert die Gesamtheit unserer körperlichen Gesundheit und unseres seelischen Wohlbefindens. Es kann uns das höchste Maß an Gesundheit oder die am schlechtesten funktionierenden Energiezentren im menschlichen Energiesystem besorgen. Wenn Menschen ihren Körper missbrauchen, ihn wie eine Maschine behandeln, die nur mit Kraftstoff versehen werden muss und nur gelegentlich pausieren darf, erkennen sie nicht, dass der Körper ein Gefäß für den Geist ist. Das Sakralchakra funktioniert aus einem tiefen unbewussten Bereich, in dem unsere Einstellungen über uns selbst unser körperliches Wohlbefinden schaffen. Unsere Beziehung zu Gesundheit, Wohlbefinden und Freude zeigt, wie sehr wir uns und unseren Geist auf physischer Ebene ehren.

Die Funktion dieses Chakras hängt davon ab, wie gut wir uns um uns selbst kümmern und unsere Grenzen und Einschränkungen kennen. Dieses Chakra fördert die Regeneration, indem es unseren Systemen lebenswichtige Energie gibt. Es fördert den Hormonfluss und beeinflusst unsere Beweglichkeit. Es steuert die Art, wie wir uns bewegen und in welchem Maß wir nach Bewegung verlangen. Wir schonen unsere

DAS GESCHLECHTSCHAKRA UND DIE FORTPFLANZUNGSORGANE

Die Geschlechtsorgane sind die Eierstöcke bei der Frau und die Hoden beim Mann. Sie werden vom Sakralchakra regiert und entwickeln sich im Alter von 14 Jahren, wenn das Chakra sich gebildet hat. Ihre Funktion ist die Reproduktion von Leben und die Instandhaltung der Art. Sie entwickeln sich abhängig von unserem Verhalten beim Erwachsenwerden und unserem Verantwortungsgefühl in unserer Sexualität. Probleme in diesem Bereich haben einen dazugehörigen Gegenpol, der mit unserer Einstellung der Sexualität gegenüber korrespondiert. Sie werden von der Beziehung beeinflusst, die wir zu unserem Körper haben und damit, wie wir unsere spirituelle und animalische Natur achten. Probleme mit der körperlichen Reifung und Reproduktion sind mit diesem Drüsen verbunden, genau wie unsere Grundhaltung zu Aspekten wie Wachstum, Gründung einer Familie und Genießen unserer Sexualität.

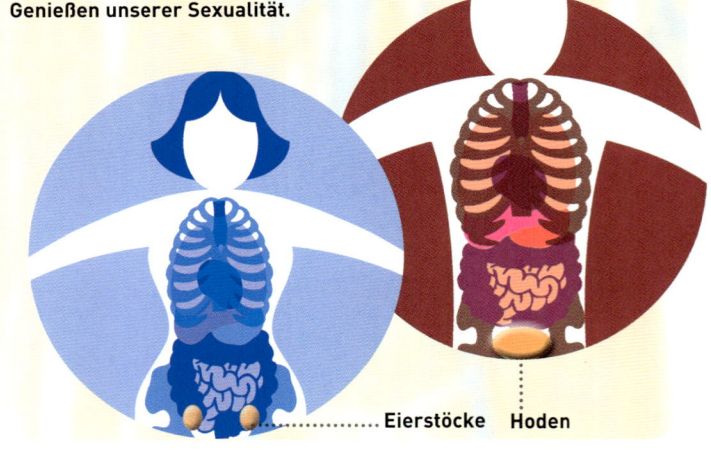

Eierstöcke   Hoden

Links **Geld ist ein Symbol für Überfluss und Wohlstand in unserem Leben. Wenn wir das Sakralchakra heilen, wissen wir, dass wir genug haben und dass das Glas immer halbvoll und nie halbleer ist.**

Energie und Gesundheit, indem wir aktiv nach einer optimalen Gesundheit streben. Wir brauchen Energie, nicht nur für die täglichen Aufgaben und um Freude zu genießen, sondern auch, um uns in Zeiten der Herausforderung und des Stresses zu schützen. Der Körper muss, wie unser Bankkonto, von Zeit zu Zeit aufgefüllt werden, sodass wir gelegentlich etwas von dem Guten abheben können.

Das Finden des richtigen Lebensstils, der die körperliche Regeneration fördert, hält das Sakralchakra aktiv. Gute Ernährung ist Medizin für den Körper. Wir bleiben stabil und gesund, wenn wir unserem Körper genügend Flüssigkeit zuführen und ihm Ruhe und Zeit geben, um sich von Spannungen und Stress zu erholen. Schwierige und herausfordernde Erfahrungen rauben unserem Körper lebenswichtige Energie und unsere Reserven. Wenn dieses Chakra nicht wieder aufgefüllt wird, füllt es sich mit der Energie aller anderen Chakren. Das führt schließlich zum Abbau der gesamten Energieressourcen des Körpers.

Indem wir unseren Körper wertschätzen, ohne dabei zwanghaft zu werden, sind wir sparsam mit unserer Energie und schaffen Gesundheit. Das füllt die Energiereserven, aus denen das System in stressigen Zeiten schöpfen kann. Wir schaffen diese Reserven jedes Mal, wenn wir etwas Gutes für den Körper tun, wie Sauerstoffanreicherung unseres Bluts durch Bewegung, oder den Duft einer Rose genießen, oder durch Entspannung. Jedes Mal, wenn wir uns gut fühlen über uns selbst und unsere Entscheidungen achten, tragen wir zu unserem körperlichen Wohlbefinden bei.

Das Grundthema des Sakralchakras ist, zu wissen, was genug ist. Das gilt sowohl für die Nahrung, die wir unserem Körper zuführen, als auch dafür, was wir mit unserer lebenswichtigen Energie tun. Zerstreuen wir sie, indem wir sie mit Menschen und Situationen verbringen, die nicht angenehm sind? Wissen, was man täglich mit seiner Körperenergie tun kann, kann zu dem Verständnis beitragen, was man für seine Gesundheit und sein Wohlbefinden braucht. Eine Erholung von Krankheit oder missbräuchlichen Situationen erfordert die Regeneration des Sakralchakras. Niemand wird wieder gesund, ohne eine ausgewogene Sichtweise auf seine Aufgabe im Leben. Wenn Menschen zu hart arbeiten und ständig unter Stress stehen, rinnt Vitalität und Wohlbefinden aus ihren Energiezentren. Zu wissen, wann man aufhören muss, oder wann etwas genug ist, ist sehr wichtig für die Erhaltung der Gesundheit.

Körperliche Regeneration und Wohlbefinden beginnen mit der Erkenntnis, dass das, was wir tun und was wir haben, genug ist. Der Körper heilt bei Schlaf und Ruhe. Eine höherer Adrenalinverbrauch als notwendig ist, kann zu schweren Gesundheitsrisiken führen.

Wenn Sie gesund sein wollen, ist es wichtig zu wissen, dass der Körper sich bei den richtigen Reizen wieder regeneriert. Der Körper gedeiht bei einer Medizin, die mit dem eigenen höheren Bewusstsein kompatibel ist. Energetische Medizin wie Homöopathie, Akupunktur, Kräuterheilkunde und Handauflegung stellt die natürliche Vitalität wieder her. Allopathische Medikamente führen dem Körper immense Dosen an Chemikalien zu, die nur mit größeren Mengen an Energie wieder abgebaut und verarbeitet werden können. Das Essen von bestrahlten oder mit Bekämpfungsmitteln gespritzten Nahrungsmitteln oder Lebensmitteln mit Zusatzstoffen führt dazu, dass unsere Zellen stagnieren. All dies schließlich schwächt die Reaktionen des Körpers.

Das Sakralchakra funktioniert am Besten unter optimalen Bedingungen für Freude, Entspannung und Vergnügen. Wenn der Körper wie ein Lasttier behandelt wird, wird er früh erschöpft sein und durch die Spannungen Schmerzen entwickeln. Wenn er zu wenig gefördert wird in Form von Bewegung, wird er faul und verstopft. Was gut ist für den Körper, ist gut für unsere Energie.

Dieses Chakra lebt von einer Kombination aus gesunder Disziplin und genug Freude, um Stress und Anspannung im Körper zu lösen. Wenn das Sakralchakra gut gepflegt wird, ist der Körper vital und bleibt es bis ins hohe Alter. Er ermattet bei einem Mangel an Freude, strenger Behandlung und Bestrafung und physischen Therapien, die keinen energetischen Kontext für die Heilung aufweisen.

Unten **Das Krokodil symbolisiert das mythische Meeresmonster, das das Sakralchakra regiert. Es erinnert uns daran, dass wir Nahrung, Ruhe, Bewegung und Genuss brauchen. Wenn das Monster das Gefühl bekommt, dass ihm die Freuden des Lebens entsagt werden, wird es reizbar und unglücklich.**

DAS SAKRALCHAKRA BETRETEN

Wenn wir unseren physischen Körper ehren, bekräftigen wir unser Recht auf Freude und Wohlbefinden. Wir lernen, uns selbst respektvoll zu behandeln, indem wir uns friedliche Momente gönnen, in denen kein Adrenalin in den Körper gepumpt wird. Ein Zuviel dieses Hormons greift die Arterien an und zerstört die Zellen. Adrenalin soll in lebensbedrohlichen Situationen für Kampf oder Flucht verwendet werden, nicht bei der täglichen Fahrt hin und zurück zur Arbeitsstelle. Wenn wir ein gesundes Bewusstsein über unseren Körper entwickeln, helfen wir unserem Sakralchakra, zu heilen und sich zu erweitern.

Wenn wir uns Raum geben, unsere Gefühle auszudrücken, brauchen wir uns nicht mit unterdrückten Emotionen zu befassen. Was unausgesprochen bleibt, wird in die tiefe Muskulatur des Körpers verdrängt. Unterdrückter Schmerz geht in den Lendenbereich des Rückens, die Brustmuskeln ziehen sich zusammen und unsere Atmung verengt sich.

Angst führt nicht nur zu Magenbeschwerden, Verstopfung und Verdauungsbeschwerden. Auch die Muskulatur des Bauchs und der Rückenmitte hält Angst fest. Wenn wir diese Gefühle erleben und sie ausdrücken, helfen wir dem Körper, sich von schädlichen Spannungen und Stress zu lösen. Anstatt starke Medikamente einzunehmen, die unsere Sorgen und Ängste unterdrücken, lernen wir, wie wir unsere Gefühle erleben, ohne unsere Vitalität zu zerstören und unsere Lebenskraft einzudämmen. Stellen Sie sich vor, wie es wäre, über einen hohen Grad an körperlicher Vitalität, emotionaler Ausgeglichenheit und geistiger Klarheit zu verfügen sowie genügend Energie übrig zu haben, um kreativ zu sein und innerlich zu wachsen.

Eine gesunde Lebensweise lädt zu Komfort und Ruhe ein. Sie enthält auch die Disziplin eines gesunden Übungsprogramms mit guter Ernährung und Zeiten, sich zu entspannen und Spaß zu haben. Wenn wir

glauben, kein Recht auf Freude zu haben, verpassen wir die Chance auf Frieden und Harmonie in unserer Existenz. Das Erleben eines Gefühls von Wohlbefinden gibt uns die Gelegenheit, das Leben mehr zu lieben. Ein tieferes Verständnis für das Leben sorgt dafür, dass wir auf natürliche Weise spirituelle Wesen werden, die dankbar für die Fülle an Gesundheit, Freude und das Leben selbst sind.

Lesen Sie die Affirmationen im Kasten unten laut vor und lassen Sie sie mit Ihrem Geist resonieren. Sie sollen Lebendigkeit und Offenheit in Ihr Sakralchakra bringen. Sie ermutigen Sie, dem Leben zu vertrauen und zu wissen, dass Sie es verdienen, sich wohl zu fühlen und Genuss zu erfahren.

AFFIRMATIONEN FÜR DAS SAKRALCHAKRA

Wiederholen Sie zur Öffnung des Sakralchakras diese Affirmationen jeden Morgen und Abend ein Mal.

ICH LIEBE MEIN LEBEN

ICH ACHTE MEINEN KÖRPER UND BEHANDELE MICH MIT RESPEKT.
Ich spüre die Bewegung der Heilkräfte in meinem Körper, während ich meinen Eigenwert bekräftige und meinen Körper achte.
Ich vertraue meinen Gefühlen und gebe mir reichlich Platz, mich auszudrücken.
Ich erleichtere meinen Körper jedes Mal, wenn ich mich gut fühle.
Ich bin ein Wesen des Lichts; ich bin offen für meinen größten Genuss.
Ich bin dankbar für die Freude, die ich spüre, weil ich Ich bin.
Ich empfange mit jedem Atemzug Freude und Fülle.
Güte, Schönheit und Freude stimmen mit meiner Seele überein.
Ich bin eins mit ihnen.
Heilung erfahre ich jedes Mal, wenn ich ruhe, mich entspanne und genieße.
Mein Körper reagiert auf Gedanken über reine Liebe und Güte.
Ich heile jeden Zustand, der mich beeinflusst, indem ich weiß, dass mein Körper Ausgeglichenheit und Regenerierung sucht.
Ich fördere meine Abwehrkräfte, indem ich weiß, dass Gott in mir und durch mich wirkt.
Jedes Mal, wenn ich meinen Eigenwert bekräftige und meine Entscheidungen für die Liebe achte, fördere ich Heilung.
Ich liebe es zu sein, wer ich bin, genauso wie ich es bin.
An mir gibt es nichts zu ändern. Weil ich mich respektiere und liebe, heile ich von selbst.

Genießen Sie die Übung und spielen Sie mit den Affirmationen. Singen oder tanzen Sie sie. Wenn das Aufsagen eine Pflichtnummer wird, wird auch die Energie eintönig. Wenn wir die Freuden des Lebens bekräftigen, übertragen wir die glückselige Energie auf alles, was wir tun.

Rechts **Körperliche Freuden sind lebenswichtig für das Gleichgewicht der Bedürfnisse des Sakralchakras.**

Unten **Die Pyramide ist das Symbol des Sakralchakras. Wenn dieses Energiefeld im Gleichgewicht ist, haben wir eine kontinuierliche Verbindung zu Kreativität, Freude und Überfluss.**

MEDITATION FÜR DAS SAKRALCHAKRA

Als Meditation über dieses Zentrum ist es wichtig, die untere Bauchregion
zu spüren und sich vorzustellen, dass sich dort ein großer, offener Raum befindet.
Beginnen Sie, indem Sie sich Ihre Beckenknochen als Schale für Ihre lebenswichtigen
Organe und wichtiges Bindeglied für die Wirbelsäule und Beingelenke vorstellen. Sehen
Sie vor sich, wie die untere Wirbelsäule über das Kreuzbein nach oben steigt und das
Gewicht Ihres Körpers trägt. Spüren Sie, dass Sie die Lasten des Lebens tragen können und
immer noch genug Mobilität haben, sich frei und sinnlich zu bewegen. Atmen Sie einige Male
tief in den Bauch ein, erweitern Sie Ihren Unterbauch mit jedem Einatmen. Wenn Sie den
Atem durch den Mund freigeben, atmen Sie alle Spannungen und Negativität aus, genau
wie Gefühle der Disharmonie, die sich um Sie herum angesammelt haben. Wenn Sie
bereit sind, mit der Meditation zu beginnen, schließen Sie die Augen und stellen Sie
sich vor Ihrem geistigen Auge eine große orange Pyramide in Ihrem Unterleib
vor. Die Spitze zeigt nach oben in Richtung Herz und die Basis ruht
auf den Hüftknochen.

stellen sie sich eine GROSSE, ORANGE PYRAMIDE in ihrem UNTERBAUCH vor...

Die vier Wände der Pyramide repräsentieren die Qualitäten von
Wohlbefinden, Freude und Fülle. Erweitern Sie die Form und intensivieren
Sie die Farbe, während Sie einen Heilungsraum für Ihr Sakralchakra herstellen.
Atmen Sie tief in den Bauch, sodass Spannungen durch den Atem freigelassen
werden. Sehen Sie, wie jede der vier Seiten des Chakras aufrecht stehen, stark und
belastbar. Sie erkennen, dass diese Grenzen nicht verunreinigt werden und Ihre
Lebensenergie schützen. Sagen Sie sich, dass immer genug Energie da sein wird für die
Dinge, die Sie genießen und die Aufgaben, die erledigt werden müssen. Die Rückwand
des Chakras steht für die Qualität des Wohlbefindens. Stärken und erweitern Sie die
Wände, so dass sie eine starke Stütze für das Kreuzbein sind. Spüren Sie, dass Sie
genügend Vitalität besitzen, um im Leben vorwärts zu kommen, zu tun, was Sie
lieben und den Prozess der Entfaltung zu genießen.

Die linke Seite der Pyramide steht für die
Qualität, auf etwas Recht zu haben. Dies umfasst Ihr
Recht auf Genuss, Reichtum und gute Gesundheit. Wenn Sie Zweifel
haben, was Sie verdienen, lassen Sie sie los und vertrauen Sie darauf,
dass das Leben angenehm und komfortabel sein darf.
Lassen Sie diese Erkenntnis in Ihr Bewusstsein eindringen.
Stellen Sie sich jetzt die Vorderwand der Pyramide vor. Sie steht für Genuss und Ihre
Fähigkeit, Freude zu erfahren. Erweitern Sie die Wand so, dass sie Ihr gesamtes Becken
umfasst. Halten Sie Ihren Körper in der Struktur der Pyramide. Was auch immer Ihre Fähigkeit
zur Freude durch negative Energie blockiert hat, schmilzt unter der Wärme und Freude in
Ihrem unteren Bauch. Entspannen Sie Ihre Muskeln und atmen Sie tief durch bis in Ihr
Schambein. Sagen Sie „ja" zum Leben. Güte umgibt Sie.
Bringen Sie jetzt Ihre Aufmerksamkeit auf die rechte Wand dieser großen orangefarbigen Pyramide.
Sie stellt die Qualität der Fülle dar. Lassen Sie sie in Ihr Chakra fluten. Erweitern Sie Ihr Gefühl von
Fülle zu allem, was Sie umgibt. Zum Himmel und zur Sonne, zum Mond bis zu den Sternen.
Seien Sie dankbar für den Wind, den Regen und die ganze Schönheit der Natur.
Erweitern Sie erneut die Form des Sakralchakras und intensivieren Sie seine Farbe.
Versiegeln Sie jetzt die Pyramide mit einem Lichtkreuz in einem Kreis von Licht.
Dies schützt die Energie dieses Chakras. Wiederholen Sie diese
Meditation regelmäßig zur Entwicklung eines gesunden und
ausgewogenen Sakralchakras.

EDELSTEINE

KARNEOL

Dieser Stein aus der familie der Achate hat die Farbe des Sakralchakras. Er soll Gesundheit und Wohlbefinden fördern und seinem Träger Freude und Komfort bringen. Man findet ihn an den Küsten von Ozeanen und Seen, was auf seine enge Verbindung zum Wasser hindeutet. Er wirkt zur Stabilisierung bei verzweifelten Gefühlen.

TIGERAUGE

Dieser Stein ist dafür bekannt, dass er Wohlstand und Fülle bringt. Es ist ein Stein des Glücks und des Reichtums und er hilft bei Geschäften und Verhandlungen. Wenn Sie ihn tragen oder nahe bei sich haben, fördert er das körperliche Wohlbefinden.

ONYX

Dieser Stein hat eine starke magnetische Ladung und kann die Heilung auf körperlicher Ebene durch Magnetisierung des Blutes bewirken. In Kombination mit einem harten Quarzkristall schafft er eine starke energetische Kraft, die für die Heilung verwendet werden kann. Er wird zur Regeneration und zum Aufladen der Lebenskraft eingesetzt.

FRAGEN ZUM SAKRALCHAKRA

Die folgenden Fragen helfen Ihnen, die Qualitäten des Sakralchakras in einen gesunden Rahmen zu stellen, der es Ihnen besser ermöglicht, ein glückliches Leben zu führen. Betrachten Sie die Fragen als Chance für Sie zu bewerten, was Sie mit Ihrer Lebensenergie tun. Wenn Sie Veränderungen in Ihrem Leben anbringen möchten, nachdem Sie diese Fragen gelesen haben, überlegen Sie sich, wie Sie dauerhafte und nachhaltige Änderungen bewirken können, die Ihnen Gesundheit und Wohlbefinden bringen. Denken Sie daran, dass das Aufladen Ihrer Vitalität von Zeit zu Zeit wesentlich ist.

Wohlergehen

- Nehmen Sie sich Zeit, Ihre Routine zu durchbrechen? Wie oft machen Sie täglich eine Pause?
- Kommen Sie Ihrem Bedürfnis nach Ruhe, nahrhaftem Essen, ausreichend Flüssigkeit und Vitaminergänzungen nach?
- Verwenden Sie eine Form der Medizin, die energetisch anstatt chemisch ist?
- Wechseln Sie von Zeit zu Zeit die Umgebung, zum Beispiel indem Sie raus in die Natur gehen oder eine gesunde Umgebung besuchen?
- Verwöhnen Sie Ihren Körper gelegentlich mit einer Körperbehandlung, Gesichtsbehandlung oder Massage?
- Was tun Sie, um Stress in Ihrem Körper abzubauen?
- Wie gehen Sie mit den Anforderungen an Ihre Zeit und Energie um?
- Wissen Sie, wann Sie „nein" zu Stoffen sagen müssen, die giftig und negativ sind?
- Können Sie Ihre Vitalität bei sinnlosen Gespräche und dramatischen Geschehnissen schützen?

Recht auf etwas haben

- Haben Sie das Gefühl, das Leben zu verdienen, das Sie sich wünschen?
- Haben Sie Recht auf Frieden, Schönheit und Ruhe in Ihrem Leben?
- Haben Sie Recht auf Liebe, Güte und wahre Freunde?
- Haben Sie Recht auf Freizeit und Urlaub, sodass Sie eine Gelegenheit haben, Lebenskraft zu tanken?
- Haben Sie das Gefühl, Sie verdienen es als ganze Person mit individuellen Bedürfnissen anerkannt zu werden?
- Haben Sie das Gefühl, Sie verdienen es, das Leben zu genießen?
- Erleben Sie dunkle Momente, wenn Sie das Gefühl haben, nicht „genug" zu sein, und glauben Sie, es wird immer ein Mangel an Dingen sein, die Sie im Leben wichtig finden? Glauben Sie, Sie verdienen es, sich selbst als „genug" zu betrachten?
- Haben Sie das Gefühl, dass Sie den Druck von außen schaffen, wenn Sie wissen, dass Sie es verdienen, Ihr Leben so zu leben, wie Sie es wollen?
- Haben Sie das Gefühl, Sie verdienen das Glück, das Sie sich ersehnen?

Freude

- Wie viel Freude verdienen Sie täglich Ihrer Meinung nach?
- Würden Sie glauben, dass es in Ihrem Leben regelmäßig steigende Ebenen der Freude geben kann?
- Glauben Sie, dass Sie in Ihren Alltag Freude einbauen können?
- Inwieweit versuchen Sie, Freude und Vergnügen in Ihre eigene Zeit einzuplanen?
- Ist Freude etwas, das Sie genießen können?
- Können Sie die Freude und das Vergnügen in kleinen Dingen sehen?

- Können Sie sich selbst die Erlaubnis geben, zu genießen, was um Sie herum geschieht und die Freude in den guten Dingen in Ihrem Leben zu sehen?
- Haben Sie Ihr Leben mit zu viel geistiger Aktivität verkompliziert?
- Übersehen Sie die einfachen und leichten Wege, Dinge zu tun, um eine größtmögliche Wirkung auf andere zu erzielen?

Fülle

- Wie reich ist Ihr Leben?
- Haben Sie den Grad des Wohlstands erkannt, mit dem Sie gesegnet sind?
- Sind Sie in der Lage zu sehen, dass diese Fülle mehr ist als das Geld, das Sie haben?
- Glauben Sie, dass Sie es mit weniger schaffen könnten und immer noch das Gefühl haben, in Fülle zu leben?

Oben **Freude ist die Verbindung zwischen der Außenwelt mit Menschen und Erfahrungen und unserem Inneren. Die subjektive und die objektive Resonanz erfreut unser Wesen.**

- Haben Sie das Gefühl, mehr Geld und Dinge zu brauchen, um glücklich zu sein?
- Inwieweit schätzen Sie die Dinge, die Sie jetzt haben?
- Sind Sie dankbar für die Güte, die Ihnen zuteil wird?
- Sind Sie in der Lage, ein Gefühl von Gleichgewicht zu schaffen zwischen dem, was Sie haben und dem, was Sie sich wünschen?
- Können Sie sich genug entspannen, um das Leben zu feiern und dankbar für alles zu sein, was Sie sehen und wovon Sie genießen?

DIE FARBE DES SAKRALCHAKRAS: ORANGE

Die Farbe des Sakralchakras ist Orange. Orange ist eine heiße Farbe, voll vitaler Energie und eng verbunden mit der Lebenskraft. Sie repräsentiert Sinnlichkeit und Sexualität ebenso wie ein enges Verhältnis zu Freude und Leidenschaft. Diese Farbe fördert körperliche Energie und kann Kanäle unterdrückter Vitalität durch einen überaktiven Geist öffnen. Wenn Sie diese Farbe tragen oder ein Zimmer in dieser Farbe anstreichen, bringt sie Wärme, Heilung und körperliches Wohlbefinden. Sie regt ebenfalls den Appetit an. Viele Restaurants und Fastfood-Ketten setzen sie ein, um unbewusst den Appetit zu vergrößern.

DER WEG AUS DER NEGATIVITÄT

- Achten Sie Ihren Körper, indem Sie ihm genügend Nahrung, Wasser, Ruhe und Bewegung gönnen.
- Respektieren Sie die Grenzen Ihres Körpers und verstricken Sie sich nicht in zwanghafte Anstrengungen, bei denen der Körper seine natürlichen Grenzen überschreiten muss.
- Akzeptieren Sie Ihre Bedürfnisse nach Freude und schaffen Sie genügend gute Erfahrungen, um sowohl den Geist als den Körper wieder aufzutanken.
- Erkennen Sie die mächtige Kraft der menschlichen Sexualität an und welche Werte mit ihr verbunden sind.
- Respektieren Sie die materielle Welt, indem Sie Ordnung, Sauberkeit und Schönheit in Ihrem Haus, an Ihrem Arbeitsplatz und an Orten der Entspannung halten.
- Denken Sie gut über die körperliche Energie nach, die Sie in Geldverdienen stecken und in die Art und Weise, in der Sie finanzielle Entscheidungen treffen.
- Erkennen Sie an, dass Sie Wünsche und Bedürfnisse haben und geben Sie diesen einen Platz in Ihren Erfahrungen.
- Schenken Sie sich selbst die Freuden des Lebens und erkennen Sie an, dass Sie ein Recht auf das haben, was Sie sich wünschen.

DAS NABELCHAKRA
MANIPURA
Glänzender Samt

Das Nabelchakra (Solarplexus) ist das Zentrum der persönlichen Identität. Dort findet sich auch das Ego. Es entwickelt sich im Laufe der Pubertät und hat sich mit Anfang 20 verankert. Das Nabelchakra regiert alle Aspekte der Persönlichkeit und des Egos, insbesondere das Selbstwertgefühl, die Selbstachtung und persönliche Identität. Das Energiezentrum beeinflusst auch das Selbstvertrauen sowie die Reichweite der persönlichen Macht und die Entscheidungsfreiheit. Es hilft bei der Entscheidung, wer und was für eine Person die höchsten Werte sind.

Das Symbol des Nabelchakras

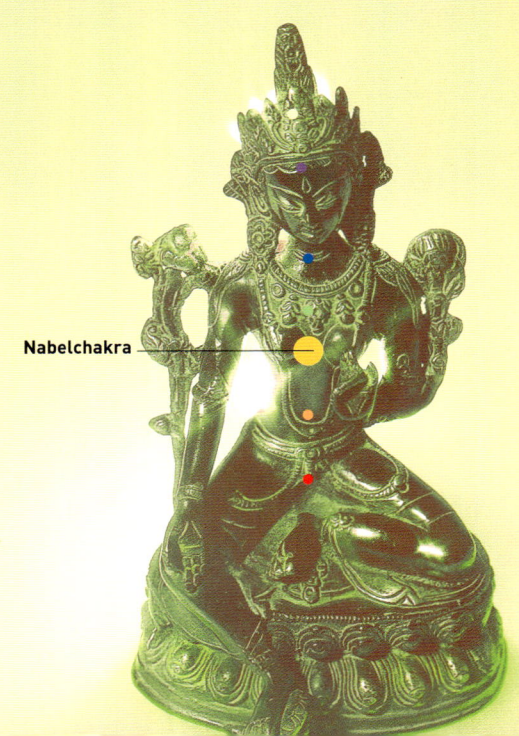

Nabelchakra

QUALITÄTEN UND EIGENSCHAFTEN

Die Individualität entwickelt sich in der Pubertät und hat sich im jungem Erwachsenenalter auskristallisiert. Das Nabelchakra reguliert das innere und instinktive Wissen über Menschen und Dinge. Es entfaltet sich in Beziehungen, Beruf, Finanzen sowie im Bereich von Selbstmanagement und Verantwortungsgefühl. Als Erwachsener müssen wir über persönliche Identität verfügen, die Aufschluss darüber gibt, wer wir sind. Diese Herausforderung bringt unsere Identität ans Licht, die wiederum das Nabelchakra nährt und verstärkt. Wenn unser Individualitätsgefühl gesteigert wird, entwickelt sich ein starker und flexibler Persönlichkeitskern.

Das Selbstwertgefühl ist die erste Qualität des Nabelchakras. Unsere persönliche Identität entwickelt sich im Familienleben und wird in der Pubertät größer. Dadurch können wir uns in der Wechselbeziehung mit der Welt behaupten und mit anderen verhandeln.

Unser wahres Selbst ist der Teil in uns, der immer heil und komplett ist. Es ist der Sitz von Wahrheit, Schönheit und Freiheit, der von Schmerz, Verlust oder Trauma nicht beeinflusst wird. Das Leben kann sich zuweilen sehr schwierig gestalten, doch werden wir wieder gesund, wenn wir mit unserem wahren Selbst in Kontakt treten. Es ist ein Bewusstsein von unschätzbarem Wert, Respekt und wahrer Kraft.

Auch die persönliche Kraft befindet sich im Nabelchakra. Sie entsteht aus einem dauerhaften Ich-Gefühl und kann sich jederzeit manifestieren. Diese leitende Kraft hilft uns im Wirrwarr von Widerstand und Opposition im Leben und macht uns reifer. Kraft gedeiht durch Widerstand. Sie ist der Archetyp des starken, guten Kämpfers, der auf eigenen Beinen steht. Ohne Herausforderungen entwickeln sich kein innerer Mut und auch keine persönliche Macht.

Sitz: Unterm Brustbein im Magen
Resonanzalter: 14-21
Form: rund
Zugeordnete Drüse: Bauchspeicheldrüse
Farbe: Gelb
Musiknote: E
Musik: Märsche
Element: Feuer
Einsichten: instinktives Wissen
Sinnliche Erfahrung: Sehvermögen
Ätherische Öle: Zitrone, Grapefruit, Wachholderbeere
Edelsteine: Topas, Zitrin, Bernstein
Planeten: Mars und Sonne
Sternbild: Widder, Löwe
Metall: Eisen, Gold
Orte auf der Erde: USA
Mythologisches Tier: Löwe
Pflanze: Nelke
Eigenschaften: Selbstwert, Selbstachtung, Vertrauen, persönliche Macht, Entscheidungsfreiheit
Lebensthemen: Entwicklung eines starken und flexiblen Egos, der Mensch ist wertvoll, schon allein weil er geboren wurde
Körperliche Aktivitäten: Sport, Wettkampf, Chigong, Wanderungen, Radfahren
Spirituelle Aktivitäten: Führungstrainings, Psychotherapie, Laientheater, Wertschätzung des Alleinseins
Positiver Archetyp: Kämpfer
Negativer Archetyp: Diener
Engelsgegenwart: Erzengel Uriel, Herrscher der Sonne

ARCHETYPEN

POSITIV: der Kämpfer
Der Kämpfer ist eine mächtige Person mit deutlicher Individualität. Kämpfer kennen ihr Innenleben und in welcher Beziehung sie zur Außenwelt stehen. Ihre Individualität ist weder aufgeblasen noch schwach. Mit innerer Kraft und Flexibilität verwirklichen sie Träume, mit Durchsetzungsvermögen stellen sie sich körperlichen und emotionalen Herausforderungen. Sie kämpfen für Liebe, Sieg und die Ehre Gottes.

NEGATIV: der Diener
Die persönliche Identität des Dieners ist in der Außenwelt verankert. Er sucht die Bestätigung von anderen und legt sich krumm für Anerkennung. Er sabotiert sich selbst, gibt anderen die Macht zu bestimmen, wer er ist und was er tun sollte.

DER EINFLUSS DES NABELCHAKRAS

Das strahlende Licht der Individualität, das sich im Nabelchakra spiegelt, erfordert eine dualistische Sicht der Welt. Durch Widerstand und Widerspruch wird das Innere entwickelt. Bei diesem Chakra besteht das Leben aus „wir und sie" bzw. „die Anderen". Diese Dualität entscheidet, wie das Ego geformt wird und wie es einen eigenen Platz in der Welt erobert.

Dieses Chakra ist das Zentrum des Egos und der Individualität. Das Ego betrachtet das Leben dualistisch und begrenzt. Das Nabelchakra entwickelt sich durch die Formulierung unserer Persönlichkeit und Individualität. Ohne Herausforderungen entwickeln wir kein starkes, verinnerlichtes Lebensgefühl. Wir stagnieren und werden nicht erwachsen. Das Nabelchakra beherrscht die Jahre zwischen 14 und 20. Es erreicht seinen Höhepunkt, wenn junge

Oben **Das Nabelchakra begleitet uns auf dem Weg ins Erwachsenenalter. Unser Ich ist ausgereift, wir wissen, was wir vom Leben möchten.**

Menschen ihren eigenen Lebensweg gehen: Manche entscheiden sich, zu heiraten oder eine Liebesbeziehung einzugehen, einen Job zu suchen und Karriere zu machen. Wir alle betreten die Erwachsenenwelt, gehen Beziehungen ein und entwickeln Individualität.

Das Nabelchakra beherrscht das junge Erwachsenenalter sowie jeden Neubeginn. An dem Punkt kann ein Mensch sowohl Fehler machen als auch gesunde Entscheidungen treffen. Mit jeder Herausforderung entwickeln sich andere innere Qualitäten und die Individualität wird geformt. Vertrauen, Selbstwertgefühl und persönliche Kraft stellen sich ein, wenn wir der Welt zu unseren eigenen Bedingungen entgegentreten.

Diese Qualitäten sind eine natürliche Folge unserer eigenen Entscheidungen. In der Pubertät lernen wir durch Ausprobieren. Wir entwickeln Vertrauen in unsere Selbstständigkeit. Charakter entwickelt sich nicht durch unsere Gene, unsere Verbindungen oder unser Denken: Charakter ist das Ergebnis von Erfahrung und dem Wissen, wer wir sind.

Persönliche Kraft ist die Fähigkeit, andere zu beeinflussen und Situationen zu verändern. Dies wird entwickelt, wenn wir eine Situation gut und integer gemeistert haben. Sobald wir uns der Disziplin bewusst werden, mit der Dinge im Leben geschafft werden, entscheiden wir uns für den Weg der Meisterschaft und Verfeinerung der persönlichen Kraft. Nach jeder bewältigten Aufgabe sowie nach überstandenen schweren Zeiten wird diese Kraft vertieft und qualitativ verbessert. Das sind alle Qualitäten, die ein Charakter braucht. Entscheidungsfreiheit ist das Stichwort des Nabelchakras. Jede Generation entscheidet sich neu für Liebe, Respekt und Freundlichkeit, sich selbst treu zu sein und ihr Handeln auf Güte auszurichten. Wer seinen Eigenwert kennt, trifft die richtigen Entscheidungen, ist stolz auf

DAS NABELCHAKRA UND DIE BAUCHSPEICHELDRÜSE

Die Bauchspeicheldrüse ist die Hormondrüse, die zum Nabelchakra gehört. Sie beherrscht den Stoffwechsel der Kohlenhydrate und reguliert die Aufnahme von Glukose und Insulin im Blut. Sie beeinflusst die Nährstoffaufnahme. Diese Drüse ist mit Freude verbunden. Diabetes entsteht aufgrund von Mangel an Freude und Macht. Wenn wir Individualität entwickeln, erhöhen wir die Freude und erfahren die Kraft der Heilung durch emotionales und körperliches Wohlbefinden.

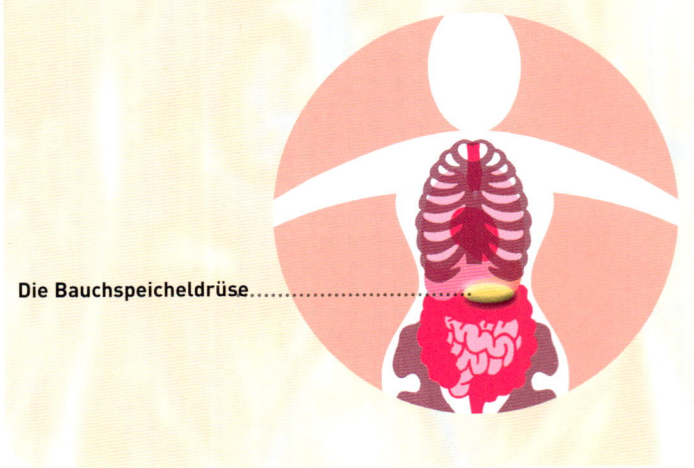

Die Bauchspeicheldrüse..........................

seine Anstrengungen und von seinen Kapazitäten überzeugt.

So entsteht Autorität und persönliche Macht. Wenn diese Einheiten den richtigen Platz eingenommen haben, können wir gesunde Entscheidungen treffen, die unsere Freiheit vergrößern. Dies ist ein wesentlicher Teil des Menschseins.

Das Nabelchakra erstreckt sich bis zum Herzen. Es beeinflusst, wie und worauf wir mit Mitgefühl und Liebe reagieren. Es ist mit dem Herzen verbunden und bestimmt, wie tief wir uns selbst lieben und schätzen. Ist diese Verbindung unterbrochen, werden wir manipulativ, ausbeuterisch und egoistisch. Wenn das Ego zu groß wird, kommt es zu einer Kluft zwischen uns und den Anderen, die dann auch noch als Gegenstände betrachtet werden. In der Mitte des Chakras befindet sich der

innere Instinkt. An unserer Reaktion auf äußere Umstände lässt sich ablesen, wie stark unser Kämpfer ist. Mit einer starken Basis, Regie übers eigene Leben sowie heroischen und vertrauensweckenden Qualitäten gewinnen wir an Kraft und Einfluss auf Menschen und Situationen. Wenn Angst unser Leben dominiert, verlieren wir Energie und Autorität. Für unser Wohlbefinden sind wir dann von anderen abhängig.

Mit der Entwicklung von Individualität können wir uns selbst und andere heilen. Dazu ist eine gesunde und ausgereifte, unabhängige Persönlichkeit erforderlich. Wir müssen unseren Kern kennen und mit optimaler Freiheit Entscheidungen treffen können. Wenn wir dem Nabelchakra erlauben, sich voll zu entfalten, erlauben wir es uns selbst auch.

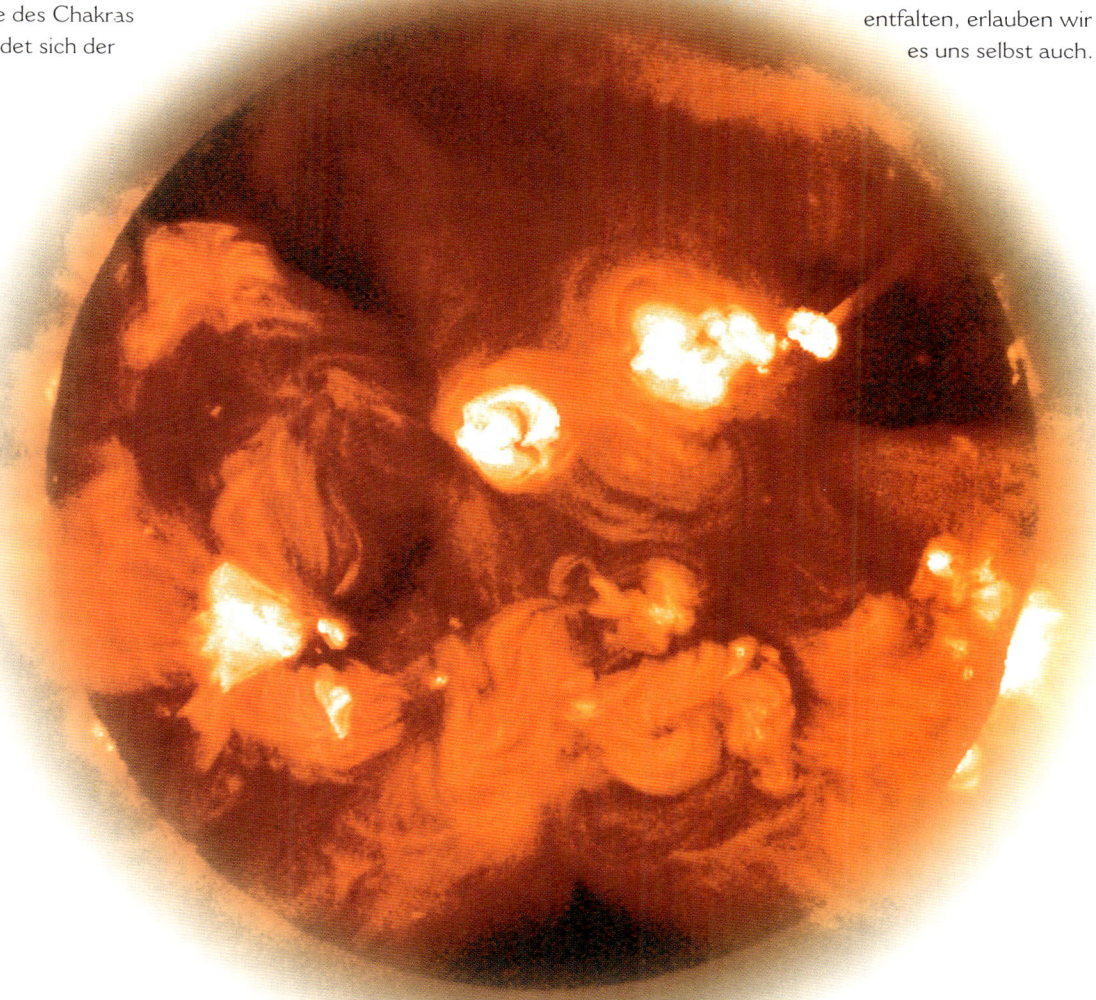

Unten **Die Sonne ist eins der regierenden Elemente des Nabelchakras.**

Das Nabelchakra ist das Zentrum der persönlichen Macht. Wir können es nur meistern, wenn wir unseren Wert begreifen und mit einem stabilen Ich mit der Welt in Kontakt treten können. Wenn das Ego eine gesunde Beziehung zum Ich hat, verhandelt es auch harmonisch und ausgereift mit der Welt. Es ist weder hochmütig, größenwahnsinnig, manipulativ oder ausbeuterisch. Ein harmonisches Nabelchakra sorgt für ein starkes, wirksames Ego, das in seinem Wert bestätigt ist. Es ist nicht mehr kontinuierlich von äußeren Impulsen abhängig, um sich selbst zu beweisen oder zu bestätigen.

Wenn unsere persönliche Identität ausgereift ist, wissen wir, wer wir sind. Wir wissen, dass wir Liebe, Freundlichkeit und Respekt verdienen. Die Welt antwortet darauf in unseren Beziehungen, unserem Beruf und allen Dingen, mit denen wir im Alltag beschäftigt sind. Menschen, die nicht wissen, wer sie sind, handeln aus dem dringen-

AFFIRMATIONEN FÜR DAS NABELCHAKRA

Wiederholen Sie diese Affirmationen zur Stärkung des Nabelchakras jeden Morgen und Abend ein Mal.

ICH BIN
NICHT MIT GOLD AUFZUWIEGEN.

Ich verdiene Liebe, Freundlichkeit und Respekt, egal, was ich getan habe.

Ich bin wertvoll, weil es mich gibt.

Ich verdiene das Leben, das ich möchte.

Ich verdiene das Beste.

Ich vertraue auf meine Fähigkeiten, aus dem Leben etwas zu machen.

Ich vertraue darauf, dass die Güte des Lebens mich begleitet.

Ich akzeptiere die Kraft meines Wesens, die Gesundheit, Liebe und Freude in mein Leben bringt.

Ich weiß, dass ich für immer eine kraftvolle und ausgereifte Autorität bin.

Ich entscheide mich für die Kraft des Lebens.

Ich entscheide mich für Güte, Licht und Liebe.

Ich entscheide mich für Gesundheit, Heilung und Glück.

Ich entscheide mich für das Beste für mich selbst.

den Bedürfnis nach Anerkennung und Aufmerksamkeit heraus. Anstatt für Frieden und Harmonie sorgen sie oft für Drama und Chaos im eigenen Leben und dem Leben anderer. Wer seinen Wert kennt, weiß auch um seine Grenzen. Wir akzeptieren dann weder Missbrauch, Schaden oder Vernichtung. Wir vermeiden Negativität und streben wo immer möglich nach Positivität. Wenn sich Angst in unserem Leben breitmacht, ehren wir, wer wir sind und respektieren unsere Grenzen. Wir orientieren uns an Reife, Güte und Heilung für unser Leben und hegen ein Gefühl der Einheit mit allem Lebenden.

Wenn dieses Chakra aktiviert und harmonisch ist, treffen wir positive Entscheidungen im Leben. Durch Wachstum und die Entwicklung eines flexiblen Egos schaffen wir große Energiereserven, auf die wir bei Müdigkeit, Krankheit oder Sorgen jederzeit zurückgreifen können. Wir lernen, unserem Instinkt zu vertrauen. Dieses Chakra verfügt über eine tiefe, animalische Intelligenz, mit

Oben **Jemand wird in Gold aufgewogen. Diese Idee hilft zu begreifen, dass Sie Liebe, Freundlichkeit und Respekt verdienen.**

Links **Das Nabelchakra ist das Zentrum der persönlichen Macht. Durch Selbstakzeptanz und das Wissen, Liebe und Respekt zu verdienen, sind wir zufrieden. Das strahlen wir aus.**

der wir Gutes von Schlechtem unterscheiden können. Es schärft unseren Instinkt, um uns für Licht und das Beste zu entscheiden - für uns selbst und die Menschen, die wir lieben.

Das Nabelchakra dreht sich um Macht. Wenn die Macht zu stark ist, wird das Chakra manipulativ, ausbeuterisch und gefährlich. Ist es zu schwach, verliert der Mensch Konzentration und Mut, sich durch Probleme hindurch zu schlagen. Wenn wir das Nabelchakra betreten, lernen wir, mit Macht umzugehen und sie in für uns liebevolle und positive Situationen zu transformieren. Es ist für die gesunde Entwicklung dieses Chakras wichtig zu lernen, wie Macht positiv eingesetzt werden kann.

Dieses Chakra unterstützt persönliches Wachstum und Entwicklung. Wir haben alle das Recht auf Unterstützung, Freundlichkeit und Respekt sowie zu wissen, wie gut wir sind. Wir beziehen unseren Wert aus der einfachen Tatsache, dass es uns gibt. Wir dürfen im Licht stehen und das Leben

genießen. Diese Einsicht kann uns von Süchten befreien und uns helfen, zu sein, wer wir wirklich sind.

Die Heilung dieses Chakras umfasst Stärkung und Bestärkung unserer Individualität. Das erfordert ein tiefes Bewusstsein dafür, dass unser Eigentum oder unsere Handlungen nicht entscheidend dafür sind, wer wir sind. Viele Menschen verbinden ihre Persönlichkeit daran, wie andere sie beurteilen. Wenn wir wissen, wer wir sind, nehmen wir nicht so schnell Abstand von unserer Individualität. Wir konzentrieren uns auf unser Selbstwertgefühl und gesunde Entscheidungen, die unsere eigene Wahrheit zum Ausdruck bringen.

Die Affirmationen für das Nabelchakra sollen unser Ich-Gefühl erneuern und unseren wahren Wert stärken. Machen Sie diese Affirmationen zu einem festen Bestandteil des Alltags. Schreiben Sie sie täglich morgens und abends auf oder sprechen Sie sie aus. Heilen Sie Ihr Gefühl des Mangels, damit Ihre Sonne hell scheinen kann.

MEDITATION FÜR
DAS NABELCHAKRA

Für die Meditation für das Nabelchakra ist es sehr wichtig, dass Sie sich

zunächst entspannen und wohlfühlen. Atmen Sie ein paar Mal tief bis in den

Magen. Atmen Sie vor dem nächsten Atemzug langsam und vollständig wieder aus.

Wiederholen Sie dies sechs Mal. Im Magen- und Bauchbereich sammeln sich bei vielen

Menschen Spannungen an. Magen und Bauch sind oft schmerzhaft und hart. Reiben Sie

während der Atemübung mit den Fingern über den unteren Bauch. Sitzen Sie still und

lassen Sie die Spannung wegfließen. Schließen Sie dann die Augen. Die Meditation kann

beginnen. Stellen Sie sich eine große, goldene Kugel vor, die von Ihrem Bauch aus größer

wird. Sie füllt den ganzen unteren Bauch aus. Das goldene Licht wärmt Sie.

Spannungen in Magen, Gallenblase, Leber und Bauchspeicheldrüse lösen sich. Das

Licht erreicht die dunklen Bereiche der Organe. Alles ist lichterfüllt. Bei

jedem Atemzug lassen Sie immer mehr Spannung los.

stellen sie sich eine GROẞE, GOLDENE KUGEL
vor, die von ihrem BAUCH aus GRÖẞER wird

Atmen Sie tief ein. Fühlen Sie, wie die Wärme Ihres

eigenen Lichts Spannungen und Druck löst. Seien Sie sich darüber

bewusst, dass Sie es wert sind, das Leben zu führen, das Sie sich

vorstellen. Liebe, Wohlbefinden und Güte sind auch für Sie da. Öffnen Sie sich

bedingungslos für Ihr höchstes Gut. Sie brauchen nur zu wissen, dass Ihr Weg zur

Freude sich durch Selbstliebe und Akzeptanz öffnet. Sie brauchen sich nicht mehr

anzustrengen, um Ihren Wert zu beweisen. Sie dürfen sich selbst kennen, lieben und

annehmen, so wie Sie sind. Erfahren Sie das Vertrauen in Ihre Kraft, den

Herausforderungen des Lebens gewachsen zu sein. Sie haben die Macht,

Angelegenheiten zu einem guten Ende zu bringen. Tun Sie dafür, was Sie tun

müssen: Liebe, Licht und in allen Aspekten Ihres Lebens. Das Licht fließt durch

Sie durch. Erfahren Sie Ihre Intelligenz und Freiheitsliebe.

Bei Verwirrung, Angst oder Schwäche,

können Sie sicher sein, dass Sie Ihre Ängste und das Chaos

hinter sich lassen können. Akzeptieren Sie die spirituellen Erfahrungen.

Sie finden die Kraft, Ihr Leben zu verändern. Das Nabelchakra bringt uns zur

Meisterschaft genauso wie das Leben unseren Charakter formt. Wird unsere

körperliche, emotionale und geistige Gesundheit herausgefordert, nehmen wir uns die Zeit,

die Basis zu verstärken. Unsere Absichten helfen uns, unsere Herzenswünsche wahr werden zu

lassen. Seien Sie flexibel, mitfühlend und offen für Veränderungen. Eine neue Herangehensweise

kann sich jederzeit offenbaren. Nach der Vergrößerung der Form des Nabelchakras stellen Sie sich

ein Lichtkreuz in einem Lichtkreis vor. Bei Verwirrung oder Angst stellen Sie sich eine große,

goldene Kugel in Ihrem Chakra vor. Besiegeln Sie sie mit einem Lichtkreuz und einer Lichtkugel.

Dies wird Sie schützen, erden und ein Gefühl von Individualität verleihen.

EDELSTEINE

TOPAS

Dieser Stein steht für Mut und Heilung. Er stammt aus dem Brustpanzer des Hohepriesters Aaron. Er symbolisiert das instinktive Begreifen von Lebensfragen und Herausforderungen. Er gibt uns heilendes Selbstvertrauen.

BERNSTEIN

Der Saft für dieses kristallisierte Harz stammt von alten Bäumen, die im Matriarchat wuchsen. In jener Zeit vor vielleicht 15 000 bis 750 000 Jahren regelten Frauen die praktischen Dinge des Lebens, Priesterinnen waren die treibenden Kräfte der Kultur. Bernstein wird mit weiblicher Macht assoziiert. Es ist ein Stein, der Frauen hilft, ihre innere Kraft zu finden.

ZITRIN

In diesem Stein trifft sich das Gelb des Solarplexus mit dem Grün des Herzchakras. Es ist die Farbe des Frühlingsgrüns und erinnert an Veränderungen, Neuanfang und das Erwachen des Herzens. Er wird zur Stabilisierung der Selbstliebe verwendet.

FRAGEN ZUM NABELCHAKRA

Die Fragen zum Nabelchakra sind in die Qualitäten eingeteilt, die dieses Zentrum beherrschen. Beantworten Sie sie in Ruhe, arbeiten Sie an diesen Qualitäten, wenn sie schwach oder unterentwickelt sind. Sie werden Ihnen helfen, ein starkes Individualitätsgefühl zu entwickeln, das Ihnen in schweren Zeiten Kraft und Durchsetzungsvermögen verleiht.

Dieses Chakra hilft Ihnen durch Anstrengungen, das Beste aus sich herauszuholen. Herausforderungen im Leben gehen oft zu Lasten Ihrer körperlichen, emotionalen und geistigen Gesundheit. Es kann viel Zeit kosten, das Leben wieder auf die Reihe zu bekommen. Vergessen Sie nicht, dass Sie mit Entschlossenheit erreichen können, was Sie möchten. Seien Sie flexibel, mitfühlend und offen für Veränderungen. Das Leben ist dazu da, Ihren Charakter zu verfeinern. Vergrößern Sie Ihre Individualität mit jeder Situation, die Gegenwärtigkeit, Ruhe und Charakter erfordert.

Selbstwert

- Wie sehr schätzen Sie sich selbst?
- Kennen Sie den höchsten Wert Ihrer Individualität?
- Stehen Sie gegenüber Familie und Freunden zu diesem Wert?
- Verbergen Sie Ihren Selbstwert vor anderen, weil Sie denken, dass Sie anders sind?
- Sehen Sie den Wert von anderen, auch wenn sie selbst ihn nicht sehen?
- Können Sie mit Ihrem inneren Licht, Ihrer Intelligenz und Liebe in Kontakt treten?
- Sind Sie bereit, Zeit und Mühe zu investieren, um sich besser in Ihrer Individualität zu verankern?

Selbstrespekt

- Worauf sind Sie stolz in Ihrem Leben?
- Können Sie vergangene Erfolge wertschätzen?
- Haben Sie Respekt vor Dingen, die Sie gut gemacht haben?
- Was ist das Beste, das Sie jemals in Ihrem Leben getan haben?
- Was ist das Freundlichste, das Sie jemals in Ihrem Leben getan haben?
- Haben Sie Respekt vor Dingen, die Sie zu Ende gebracht haben,

Oben **Die ersten drei Chakren beziehen sich auf Familie, Stamm, Clan und Land. Sie helfen uns, Individuen zu werden und persönliche Identität zu finden.**

insbesondere wenn es schwierig und herausfordernd war?
- Was sind die Konsequenzen, wenn Sie bis zum Äußersten gehen, um ein Ziel zu erreichen?
- Schätzen Sie Ihre Fähigkeit, Gutes zu tun?

Vertrauen

- Vertrauen Sie darauf, Gutes tun zu können?
- Sind Sie froh, dass Sie gewählte Projekte auch beenden können?
- Vertrauen Sie darauf, dass Sie erforderliche Veränderungen in Ihrem Leben vornehmen können?
- Vertrauen Sie Ihrem eigenen Urteil, wenn sich eine gute Gelegenheit ergibt?
- Vertrauen Sie darauf, dass Sie anderen Ihre Bedürfnisse verständlich machen können?
- Vertrauen Sie darauf, dass Sie in Beziehungen Entscheidungen treffen können, die für Sie richtig sind?
- Vertrauen Sie darauf, dass Sie Ihren Beruf und wichtige Dinge erfolgreich meistern können?

Persönliche Kraft

- Wie ist Ihre Beziehung zu Ihrer eigenen Kraft?
- Sind Sie bereit, bei Missbrauch oder schlechter Behandlung Ihrer Person Ihre Autorität walten zu lassen?
- Sind Sie zu deutlichen Worten bereit, damit andere begreifen, dass

Unten **Wir übernehmen für unsere Wut und Freude Verantwortung und wissen, dass wir ein Recht auf diese Gefühle haben. Damit sind Vertrauen und Macht verbunden.**

sie mit Ihnen nicht Schlitten fahren können?

- ☼ Können Sie Ihre Kraft zum Wohle anderer einsetzen?
- ☼ Sind Sie deutlich in Ihrem Bedürfnis nach Harmonie zwischen Autorität, Demut und Mitgefühl?
- ☼ Missbrauchen Sie Ihre Autorität durch Ärgernis und Kompliziertheit gegenüber anderen, die Ihnen nicht gewachsen sind?
- ☼ Verfeinern Sie Ihre Autorität und lernen Sie ihre Beherrschung?
- ☼ Verneigen Sie sich vor Ihrer Kraft, indem Sie sie nur einsetzen, wenn es erforderlich ist?

Entscheidungsfreiheit

- ☼ Wissen Sie, dass Sie in jeder Situation Entscheidungsfreiheit haben?
- ☼ Setzten Sie die Freiheit, authentisch zu sein, auch immer in die Praxis um?
- ☼ Achten Sie dieses Geschenk und verteidigen Sie es, wenn Sie eine Entscheidung treffen müssen?
- ☼ Ist Ihnen klar, dass Entscheidungsfreiheit für die Entwicklung der Menschheit von wesentlicher Bedeutung ist?
- ☼ Preisen Sie dieses wunderbare Geschenk, das es immer zu verteidigen gilt.
- ☼ Fühlen Sie sich frei, sich im Leben für das Gute zu entscheiden?

DIE FARBE DES NABELCHAKRAS: GELB

Gelb hat mehr Licht als andere Farben des sichtbaren Spektrums und wird mit Sonne und Gold assoziiert. Es ist eine diffuse, warme Farbe, die bei Überbelichtung für Verwirrung sorgt. Da Gelb so viel Licht enthält, kann es Menschen sowohl desorientieren als auch stimulieren. Gelb ist nicht so intensiv wie Orange oder Rot. Es ist stimmungs- und mutfördernd und verleiht Ruhe und Licht. Gelb gilt als Verbrennungsenergie, die andere Elemente abbauen kann. Wir brauchen diese Farbe und das Element Feuer, um Nährstoffe im Körper zwecks Aufnahme umzusetzen. Diese Farbe ist für einen harmonischen, geistigen Rahmen unerlässlich, in dem wir neue Ideen verarbeiten können.

DER WEG AUS DER NEGATIVITÄT

- ☼ **Entwickeln Sie Ihre eigene Persönlichkeit. Sie sind in allen Situationen immer die gleiche Person.**
- ☼ **Schaffen Sie Ihre Persönlichkeit, die anderen zeigt, wer Sie sind.**
- ☼ **Der Masse folgen, mag Sicherheit bringen. Aber es ist auch eingrenzend und abstumpfend.**
- ☼ **Verbringen Sie Zeit allein. Verbessern Sie Ihre Beziehung zu sich selbst.**
- ☼ **Fragen Sie sich, ob Sie das von Ihnen gewünschte Leben wirklich wert sind.**
- ☼ **Finden Sie heraus, wo Ihre Talente und Begabungen liegen.**
- ☼ **Scheuen Sie sich nicht, Neues auszuprobieren. Ihre Individualität entwickelt sich durch Herausforderungen.**
- ☼ **Reisen und Entdecken helfen bei der Konfrontation mit Widerstand und Herausforderungen**
- ☼ **Lernen Sie, Charakter und Integrität in sich selbst und anderen zu erkennen.**

DAS HERZCHAKRA
ANAHATA
Unschlagbar

Das Herzchakra steuert das Herz und die Lungen. Es ist wichtig für unsere Energiezufuhr und Vitalität sowie für Liebe, die unsere spirituelle Existenz nährt. Wir geben unserem Leben Ziel und Bedeutung, wenn wir uns auf die Liebe konzentrieren. Sie verankert uns in unserer Individualität, die selbst Liebe ist. Mit anderen Worten: Von Natur aus sind wir liebevoll, freundlich und respektvoll. Wachstum und Heilung öffnen ein Panorama, in dem wir frei und bedingungslos Liebe geben und empfangen können.

Das Symbol des Herzchakras

Herzchakra

QUALITÄTEN UND EIGENSCHAFTEN

Das Herzchakra ist in der frühen Kindheit geöffnet. Es schließt sich im Erwachsenenalter, wenn wir ein Produkt unserer Kultur werden. Wenn wir am Anfang unseres Lebens zu wenig Liebe bekommen haben, kann es schwierig sein, das Herz zu öffnen. Um unser 28. Lebensjahr herum verlangt das Herzchakra nach Liebe. Es sucht nach Wegen, sich zu öffnen. Erfahrungen wie Liebesbeziehungen, Geburt von Kindern, getroffene Entscheidungen, durch die wir uns selbst mehr lieben, können dies fördern. In dieser Phase ist das Herz bereit, sich selbst und andere in erwachsener Weise zu lieben. Wird diese natürliche Evolution verhindert, verläuft auch die weitere Entwicklung nicht normal.

Die Anziehungskraft von Sex, Macht und Geld verblasst im Vergleich zur Freude des Herzens. Durch das Herzchakra sind Sie jederzeit bereit, ewige Liebe zu erfahren anstatt in simplen Vergnügungen zu schwelgen.

Die Qualitäten des Herzchakras sind Frieden, Liebe, Einheit, Brüderlichkeit, Schwesternschaft und Freude. Sie sind Aspekte der Liebe zum Leben und des tiefen Bewusstseins der Heiligkeit des Lebens. Das Herz gedeiht durch Freude und Bezauberung. Es blüht auf bei Offenheit, Teilen, Berührung und Kontakt. Es zieht sich zurück bei Schmerz, Verlust und Trauma. Nähren Sie Ihr Herz mit positiver Energie, um die Liebe in Menschen und die Freude in allen Dingen zu sehen.

Die Botschaft des Herzchakras lautet: Akzeptieren Sie die Einheit allen Lebens. Wer liebt, strahlt die Freude des Seins aus. Ein offenes Herzchakra erfahren andere als warm, einladend und zärtlich. Ein irisches Sprichwort sagt: Finde Menschen, die dich wärmen. Ein wahres Herz sucht immer Verbindung.

Sitz: in der Mitte der Brust
Resonanzalter: 21-28
Form: Halbmond
Zugeordnete Drüse: Thymus
Farbe: Grün als Schutz des Herzens, rosa oder Gold fürs Herz selbst
Musiknote: F
Musik: vokal
Element: Luft
Einsichten: erkennt das Gute
Sinnliche Erfahrung: Fühlen
Ätherische Öle: Rose, Nelke, Maiglöckchen
Edelsteine: Rosenquarz, Diamant, Peridot
Sternbild: Waage, Stier
Planeten: Venus, Sonne
Metall: Kupfer, Gold
Lebensthemen: die Liebe als Kern des Lebens akzeptieren
Mythologisches Tier: Hirsch
Pflanze: Fingerhut, Rose, Nelke, Lilie
Orte auf der Erde: Spanien
Qualitäten: Einheit, Brüderlichkeit, Schwestern-schaft, Liebe, Friede, Reinheit und Unschuld
Körperliche Aktivitäten: Yoga, Massage, heilende Berührungen, Laufen, Tanzen
Spirituelle Aktivitäten: Lernen, erst sich selbst zu lieben und dann andere, Gebet, Heilung, Singen, aufgewecktes Streben
Positiver Archetyp: der Liebende
Negativer Archetyp: Schauspieler/in
Engelsgegenwart: Erzengel Raphael

POSITIV: der Liebende

Bei Liebenden ist das Sein im Herzen konzentriert. Sie lieben bedingungslos und heilen Spannungen und Verhärtungen durch Berührung, Wärme und Akzeptanz. Sie schaffen Güte und aufrichtige Wärme sowie Freundlichkeit. Ihre Liebe ist allumfassend und schließt Außenstehende mit ein. Sie teilen ihre Liebe mit allen. Sie wissen, dass Lieben Leben ist. Wenn Sie diesen Archetyp kennen, ändert sich Ihr Leben für immer.

NEGATIV: Schauspieler/in

Das sind Menschen, die an die Liebe Bedingungen knüpfen und Erwartungen haben, wie und wen sie lieben können. Wird den Erwartungen nicht entsprochen, halten sie mit ihrer Liebe zurück. Sie lieben so eingeschränkt wie sie selbst geliebt wurden – voller Urteile und Kritik an allem, was nicht ins Denkmuster passt. Sie spielen Liebe anstatt sie wirklich zu fühlen. Ihre Beziehungen verlaufen schnell im Sand, da sie die Liebe nicht im Herzen halten können.

DER EINFLUSS DES HERZCHAKRAS

Das Herzchakra sorgt für tiefe Heilung. Die Mystiker glauben, dass dort der Sitz Gottes in uns ist. Das Lied unseres Herzens schlägt im Takt mit dem Herzschlag. Je weiter wir uns entwickeln, desto mehr sehnen wir uns nach innerem Kontakt mit allen Dingen, dem Gefühl, Einheit und Heimat zu erfahren. Es hilft uns, unser Bestes mit anderen zu teilen.

Das Herz leidet, wenn es sich abgetrennt oder einsam fühlt. Zur Heilung helfen Vergebung, Gebet, Meditation und Positivität. Wir lassen alten Schmerz los, der uns schwer auf den Schultern lastet. Er ist jedoch nur Ballast und gibt uns die Illusion, etwas Besonderes zu sein.

Wenn wir die unteren Chakren verlassen und den Bereich des Herzchakras betreten, gibt es nur noch Einheit. Macht, Sex und Geld sind nicht mehr so wichtig und beherrschen unsere Gefühle nicht mehr. Die

Links **Nähren Sie das Herz durch Ausflüge in die Natur. Sie bietet viel Platz, saubere Atemluft, Ruhe und Schönheit.**

Rechts **Freude entsteht im Kontakt mit anderen. Liebe nährt und heilt uns, lässt uns wissen, dass Erfüllung unser höchstes Ziel auf Erden ist.**

Verbundenheit in Liebe, Einheit und Frieden erzeugt Freude. Nur mit Liebe und Selbstliebe können wir die Hindernisse überwinden, die der Liebe im Weg stehen. Ein Lehrer, Therapeut oder Freund kann dabei eine Hilfe sein. Es ist an der Zeit, unser Herz mit Liebe zu füllen und jegliches Minderwertigkeits- und Mangelgefühl loszulassen. In unserem Herzen sind wir mit dem göttlichen Herzen verbunden.

Ein starkes Herz kann vergangenen Schmerz vergeben, Freude im Moment finden und aus der Welt einen besseren Ort machen. Der Schriftsteller Paul Coelho formuliert es so: Wir kämpfen für Liebe, Sieg und die Ehre Gottes. Unser Weg zur Liebe hält uns hell, positiv und offen für das höchste Gut. Die spirituelle Herausforderung besteht darin, uns selbst zu lieben. Dazu braucht es ein mutiges, offenes Herz und galante Hingabe ans Leben. Dann akzeptieren wir uns selbst und andere in göttlicher Gnade.

Die besondere Intelligenz des Herzens kann sich immer an Liebe erinnern. Es vergisst Taten der Freundlichkeit, Freundschaft und Liebe nicht. Wir können weiter im Leben, wenn wir geliebt,

akzeptiert und umsorgt werden.

Wird uns das von außen nicht zuteil, gehört es zu unserem Wachstums- und Lernprozess, es uns selbst zu geben. Wenn der Geist in negativen, zerstörerischen und missbräuchlichen Gedanken steckenbleibt, bekommt das Herz nicht, was es zum Leben braucht. Es möchte sich nur an Gutes und Freudvolles erinnern und die Liebe des gegenwärtigen Augenblicks fühlen.

Der Geist ist von Natur aus zerstreut und hat die Illusion der Dualität geschaffen. Das Herz bringt alle Fäden der Liebe zusammen und vereinigt sie: die von Geliebten und von freundlichen Fremden. Seine Aufgabe sind Empfänglichkeit und Aufnahme von Liebe. Frieden nährt das Herz und hält es stabil und glücklich. Es ist wichtig, das Herz zur rechten Zeit mit Stille zu nähren, Zeit in der Natur und mit positiven Menschen zu verbringen. Gute Bücher helfen dabei ebenso wie Spiel und gesunder Spaß. Wenn Sie tun, was Ihrem Herzen Freude macht, wird es stark und lebendig. Ein offenes Herz empfängt genauso viel wie es gibt.

Merkmale des Herzens sind Vergebungswille und aktive Positivität. Damit bekommen wir neue Energie, die durch das Unterdrücken von Gefühlen verloren gegangen ist. Jeder Schritt zur Versöhnung befreit die Vitalität, die für ein kreatives Leben erforderlich ist. Versöhnung ist Vergebung der Vergangenheit und gleichzeitig Leben in der Gegenwart.

Das Herzchakra besteht aus zwei Teilen. Der Beschützer entspricht dem Herzbeutel, der das Herz vor Angriffen von außen schützen muss. Er hält unerwünschte Kritik, negative Gedanken und schlechte Absichten auf Abstand. Ein starker Beschützer können wir selbst sein, indem wir unser Ich uneingeschränkt lieben. Das ist ein Zeichen von gesunden Grenzen. Wir wissen wer und was das Beste für uns ist. Unsere Herzen werden von Liebe für Natur, Tiere, Kinder und Alte genährt. Wir heilen uns selbst und die Welt, indem wir uns selbst und andere lieben und dieses Licht teilen.

Der zweite Teil des Chakras ist das Herz

Die Thymusdrüse befindet sich in der Brust. Bei der Geburt und in der frühen Kindheit ist sie so groß wie eine Kinderfaust. Eine wichtige Drüse für den Erhalt der Immunität, die beim Älterwerden schrumpft. In der Wissenschaft spielt sie aufgrund der zunehmenden Autoimmunkrankheiten wieder eine Rolle. Extrakte dieser Drüse werden verwendet, um dem Immunsystem einen Impuls zu verleihen. Zwischen der Thymusdrüse und unserem emotionalen Wohlbefinden gibt es einen Zusammenhang. Sind wir glücklich, werden herzfördernde Hormone abgegeben, die auch die Lungen aktiv halten. Sind wir unglücklich, ist die Drüse nicht so aktiv und funktioniert nicht gut. Sie wird von der Energie des Herzchakras genährt. Ist das Herz offen, funktioniert die Drüse gut. Ist es geschlossen, schließt sie sich. Die Thymusdrüse bleibt gesund, wenn wir glücklich sind, Menschen treffen und Aktivitäten unternehmen, die uns gut tun. Bei Verlust, Abweisung oder emotionalem Trauma können Thymus-Extrakte oder homöopathische Mittel eingesetzt werden. Sie harmonisieren das Immunsystem und beugen körperlichen Beschwerden in Folge von großer Trauer vor.

Thymusdrüse

selbst: rein, unschuldig und unbesudelt. Es ist das heilige Haus für den Heiligen Geist in jedem Individuum. Die Tiefe, Reinheit und Schönheit, mit denen jedes Individuum im Leben gesegnet ist, kann uns nur auf die Perle eines jeden Herzen aufmerksam machen. Mit diesem Liebesort in Kontakt zu treten, kostet viel Liebe und Vertrauen zu Gott oder wie wir die unseren Geist führende Ewige Intelligenz auch bezeichnen mögen. Was immer wir außerhalb von uns selbst suchen – wir werden immer wieder an den Anfang der Suche zurückgebracht: zu unserem eigenen Herzen.

Rechts **Das Herz erinnert sich an Freundlichkeit. Auch wenn wir uns der Liebe aus Kindertagen nicht mehr bewusst sind, lebt sie in unserer Seele auf ewig fort.**

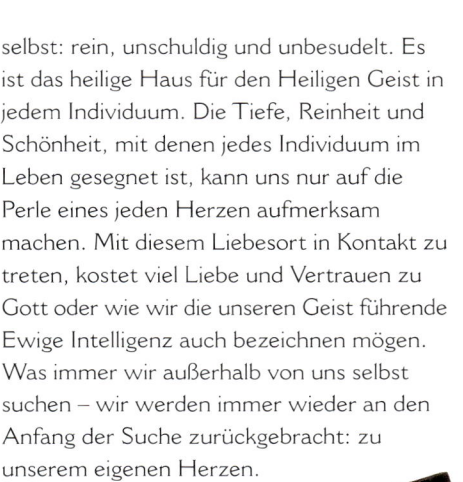

Die Grundlage aller Heilung ist die Heilung des Herzens, damit wir wieder lieben können. Liebe ist der Kern unseres Lebens. Wenn Wunden das Herz geschlossen haben, muss es wieder aktiviert werden. Wir sind Liebe. Dieses Wissen hilft uns, Abweisung oder Verlust zu lindern. Die Entwicklung von Mitgefühl für Menschen, die uns nicht angemessen und so lieben können, wie wir es möchten, ist das Bewusstsein eines reaktivierten Herzens.

Spirituelle Erleuchtung ist die Erkenntnis, dass wir Liebe sind. Was wir außerhalb von uns selbst suchen, ist die Reflexion unseres wahren Ichs. Wenn wir wissen, dass wir Liebe sind, findet die Liebe einen Weg in unser Leben. Wenn wir das Herzchakra

AFFIRMATIONEN FÜR DAS HERZCHAKRA

Wiederholen Sie diese Affirmation jeden Morgen und Abend, wenn Sie das Herzchakra betreten möchten.

ALLE LIEBE
WOHNT IN MEINEM HERZEN

Ich bin still und höre das Lied in meinem Herzen.
Ich verbinde mich mit allem Lebenden, sichtbar und unsichtbar,
in der Domäne von Liebe und Kraft.
Ich verankere mein Herz in Wahrheit, Liebe und Gottes Gnade.
Liebe öffnet und heilt mich.
Ich entscheide mich für den Frieden, der alles übersteigt.
Ich bin Liebe, Frieden und Licht.
Ich folge der Sehnsucht meines Herzens nach Wahrheit, Güte und Liebe.
Mein Kern ist rein und unschuldig.
Nichts kann die Seele meines Herzens berühren, außer der Liebe.
Die Liebe Gottes erfüllt mich und öffnet mein Herz der
allumfassenden Güte.
Freude ist mein Lebensgrund.
Ich suche Freude in mir, sehe sie in allen Dingen und teile sie gern.
Mein Herz leuchtet. Aus der Tiefe meines Wesens schenke ich
denen Liebe, die sie akzeptieren.

Oben **Mutterliebe ist die erste, bedingungslose Liebe im Leben. Sie ist die stärkste Bindung, bis wir als Erwachsene jemanden treffen, mit dem uns Gesellschaft und Vertrauen verbindet.**

Links **Bei einem gebrochenen Herzen geht unsere vitale Energie ins Nabelchakra zurück. Das Herz muss Vertrauen, Hoffnung und Kraft wiederfinden, bevor wir erneut lieben können.**

blockierende Betrübnis loslassen, öffnen wir uns für den Kanal der Liebe.

Eins der wichtigsten Prinzipien der Heilung ist, dass wir uns selbst lieben müssen. Wenn wir unsere Selbstliebe akzeptieren und unsere Ganzheit, heilt nicht nur unser verwundetes Herz. Dann sind wir frei, uns für die Liebe zu anderen zu entscheiden und nährende, pflegliche Beziehungen zu führen. Wenn wir wissen, dass mit uns alles stimmt, werden wir stärker und entwickeln einen stärkeren Schutz für unser Herz. Wir interessieren uns mehr für Menschen, die ihrem Herzen folgen und Liebe in ihrem Leben zulassen.

Wir alle haben Recht auf die Liebe, die wir uns wünschen. Wenn wir sie jedoch einschränken und an Bedingungen an die Art und Weise knüpfen, in der sie in unser Leben treten soll, werden wir nie wissen, wie es ist, echte Liebe zu erfahren. Liebe findet sich in der Natur, in Pflanzen, Tieren und in der Welt um uns herum. Liebe ist überall, unbegrenzt, bedingungslos und frei. Die selbstheilenden Möglichkeiten des Herzens beweisen die Kraft der Liebe. Wenn wir uns selbst, unseren Schöpfer und das Leben lieben, können die Dinge wieder gut werden. Vertrauen in die Kraft der Liebe hat Menschen in schweren Zeiten gestärkt, gerettet und geheilt. Ein großer Teil der Heilung besteht in der Akzeptanz, dass wir sympathisch und Gottes Liebe wert sind. Wir erkennen, dass wir geschätzt werden und die Liebe überall um uns herum existiert. Sie ist die Grundlage unseres Lebens. Wenn wir uns der Liebe hingeben, erlauben wir ihr, uns durchs Leben zu tragen.

Links **Gute Beziehungen nähren uns und sind die wahren Schätze im Leben. Wir wertschätzen diejenigen, die uns Freude, Ehrlichkeit und Vertrauen entgegenbringen.**

MEDITATION FÜR
DAS HERZCHAKRA

Die Meditation für das Herzchakra besteht aus zwei Teilen. Zunächst erfahren

wir, wie der Herzschutz als Schild gegen Negativität funktioniert. Seine Qualitäten

sind Liebe, Freude, Einheit, Brüderlichkeit und Frieden. Sie sind ein unverwüstliches

Schild, das vor Schwierigkeiten im Leben schützt, denen wir im Leben begegnen. Folgen Sie

den Anweisungen dieser Meditation, damit der Herzschutz stark und widerstandsfähig wird.

Wenn Sie sich schnell verletzt fühlen und empfindlich auf die Außenwelt reagieren, wird

regelmäßige Übung Ihren Herzschutz stärken. Ein kräftiger Herzschutz beschützt die Reinheit

und Unschuld Ihres Herzens. Im zweiten Teil der Meditation geht es um das Herz selbst. Es

ist immer rein und unschuldig. Wenn Sie in die Tiefen Ihres Herzens hineinfühlen, öffnet

sich der Kontakt zur Spiritualität. Sorgen Sie dafür, dass Ihr Herz es gut hat und viel

Ruhe und Freude bekommt. Setzen Sie sich mit geradem Rücken bequem hin.

Atmen Sie ein paar Mal tief ein und entspannen Sie sich.

stellen sie sich vor, dass sie einen GRÜNEN HALBMOND auf der BRUST haben

Entspannen Sie Kiefer und lassen Sie die Zunge entspannt

in der Mundhöhle liegen. Lassen Sie die Augen ruhen, konzentrieren

Sie sich auf die Innenseite Ihres Kopfes. Wenn Sie Verspannungen fühlen,

atmen Sie durch diesen Körperteil ein und sagen ihm, er soll sich entspannen.

Wenn Sie entspannt sind, stellen Sie sich einen grünen Halbmond vor, der über die

Brust von einem Schulterblatt zum anderen verläuft. Machen Sie die Form größer und

intensivieren Sie die Farbe. Das ist der Herzschutz, ein sicherer Hafen für den reinen und

freundlichen Geist des Herzens. Vergrößern Sie ihn, indem Sie Liebe, Frieden, Einheit,

Brüderlichkeit und Freude stärken. Stellen Sie sich selbst in einer schönen

Naturlandschaft vor. Genießen Sie den Frieden und die Heilung, die davon ausgehen.

Mit diesem Bild vor Augen fühlen Sie sich sicher und vor Bösem geschützt.

Fühlen Sie Ihr Herz. Es ist Rosa oder Gold. Lassen Sie es größer werden

und füllen Sie Ihr ganzes Wesen mit seiner kostbaren Energie.

Es kann sein, dass Sie die Leichtigkeit des

Seins und ein Gefühl der Flexibilität erfahren. Sie wissen,

dass Sie genug Liebe in sich haben, um die ganze Welt zu heilen. Das

Herz ist der Raum, in dem Gott wohnt. Entspannen Sie sich im Bewusstsein,

dass Sie diesen Kontakt immer bei sich haben. Sie wissen, dass Sie immer geliebt,

geführt und beschützt werden. Sie können Ihr Ego unbesorgt vor die Tür dieses Raums

legen und Ihr Bewusstsein eintreten lassen. Sie sehen dann den Diamanten Ihres Selbst, der die

Innenseite Ihres Herzens beleuchtet. Der Diamant ist Ihr Licht, der unendliche Teil und Gottes

Herz in Ihnen. Das Licht ist zeit-, form- und inhaltslos. Es existiert nur. Seien Sie sich bewusst, dass

Sie mit diesem Ort in Ihrem Innern stets verbunden sind. Sie können ihn immer betreten. Dort gibt

es nur Liebe, Licht und Güte. Nach der Meditation besiegeln Sie das Herzchakra und seine Energie

mit einem Kreuz aus Licht in einem Kreis aus Licht. Das sorgt für Ihre Heilung und die von

anderen. Lassen Sie sich genug Zeit, in die alltägliche Wirklichkeit zurückzukehren. Sehen Sie

sich im Spiegel an und erkennen Sie, dass Sie die Liebe sind, die Sie fühlen. Führen Sie

Ihre Sympathie in die Welt und lassen Sie sie auf sich selbst zurückscheinen. Sie

haben die Macht, alles was Sie sehen, zu segnen und Glück zu wünschen.

EDELSTEINE

ROSENQUARZ

Dieser Halbedelstein symbolisiert Liebe und gehört zum Herzchakra. Seine Farbe löst Verspannungen im Herzen und bringt Liebesvibrationen für alle, die ihn tragen. Wenn Sie ihn in ein Zimmer legen, sorgt er für liebevolle, freundliche Energie.

DIAMANT

Dieser Kostbarste aller Edelsteine symbolisiert Treue, Verbundenheit und göttliche Liebe. Er ist die Wahrheit von Gottes ewiger Liebe und wird für Eheringe verwendet als Symbol für unendliche, unsterbliche Liebe und Verbindung.

PERIDOT

Dieser Halbedelstein enthält Frühlingsenergie und kombiniert die Individualität des Gelbs mit der Ruhe und Einheit des Grüns. Er heilt gespaltene Persönlichkeitsaspekte und fördert Vertrauen sowie Selbstliebe.

FRAGEN ZUM HERZCHAKRA

Diese Fragen wurden zusammengestellt, um das Herzchakra auswerten zu können. Verwenden Sie sie als Leitfaden für weitere Entwicklung. Sie können Ihnen helfen, die Liebe in Ihrem Leben zu sehen.

Beurteilen Sie keine Erfahrungen, die noch nicht abgeschlossen sind. Liebe kann Sie im Leben vor Menschen und Situationen schützen, die schädlich sein können. Wenn wir die Vergangenheit in der richtigen Perspektive sehen, können wir uns dem Jetzt öffnen und denen vergeben, die uns verletzt haben und sie segnen. Dann brauchen wir keine Energie mehr in Vergangenes zu stecken. Alles dreht sich um Liebe. Seien Sie nett zu sich selbst, wenn Sie diese Fragen lesen. Lassen Sie die Liebe als konstanten Faktor durch Ihre Beziehungen strömen. Auch wenn sie nicht aktiv empfangen wird, ist sie nicht verloren. Liebe und liebevolle Absichten haben immer Einfluss auf andere. Mit anderen Worten: Segnen Sie die Vergangenheit und lassen Sie sie los.

HERZSCHUTZ
Liebe

- Lieben Sie sich selbst?
- Lieben Sie andere in Ihrem Leben?
- Lieben Sie die Schönheit von Flora und Fauna?
- Lieben Sie das Leben im Allgemeinen?
- Was bringt Ihr Herz zum Singen?
- Was macht Sie glücklich?
- Teilen Sie gern Dinge, die für sie sehr wertvoll sind?
- Können Sie der Welt um Sie herum Liebe geben?
- Können Sie sich an die Menschen erinnern, die Sie sehr geliebt haben?
- Können Sie den Menschen vergeben, die Sie verletzt haben?

Frieden

- Wie viel Frieden schaffen Sie in Ihrem Leben?
- Haben Sie Gemütsruhe? Wo?
- Verfeinern Sie den Frieden?
- Müssen Sie Ihr Leben mit nicht friedliebenden Menschen und Erfahrungen füllen?
- Was gibt Ihnen ein friedliches Gefühl? Musik? Natur? Ruhe? Malen?

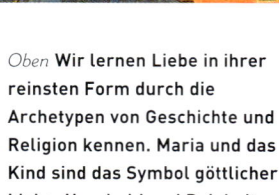

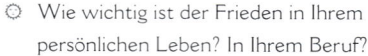

Oben **Wir lernen Liebe in ihrer reinsten Form durch die Archetypen von Geschichte und Religion kennen. Maria und das Kind sind das Symbol göttlicher Liebe, Unschuld und Reinheit.**

- Wie wichtig ist der Frieden in Ihrem persönlichen Leben? In Ihrem Beruf?
- Was können Sie tun, um den notwendigen Frieden zu bekommen?
- Sehnen Sie sich nach Frieden? Finden Sie ihn ungreifbar?
- Müssen Sie Ihr Leben verändern, damit es mehr Platz für Frieden gibt?

- Achten Sie den friedlichen Teil in Ihnen?

Brüderlichkeit

- Glauben Sie, dass wir im Kern alle verbunden und vereint sind?
- Betrachten Sie andere Menschen als gleichwertig?
- Erkennen Sie, dass alle Menschen miteinander verbunden sind?
- Durchschauen Sie soziale und kulturelle Barrieren?
- Fühlen Sie, dass alle Menschen Brüder und Schwestern sind?
  - Lassen Sie dieses Gefühl im Umgang mit anderen zum Ausdruck kommen.
  - Fühlen Sie es, wenn diese Verbundenheit geehrt oder ausgebeutet wird?
  - Teilen Sie offen das Gefühl der Brüderlichkeit? Oder halten Sie Ihren Gemeinschaftssinn zurück, weil andere ihn missbrauchen könnten?
  - Was können Sie tun, um Ihr Gefühl der Brüderlichkeit zu stärken?

- Da wir alle miteinander verbunden sind, können Sie den Teil des anderen ansprechen, von dem Sie getrennt sind. Wissen Sie, wie Sie diese Verbundenheit betreten können?

Einheit

- Wie erfahren Sie Einheit? Ist es ein geistiges Konzept oder fühlen Sie sie wirklich?
- Wie könnten Sie die Einheit in Ihrem Leben ehren?
- Wie könnten Sie Einheit in Ihrem Beruf fördern?
- Wie erklären Sie kleinen Kindern, was Einheit ist?
- Fühlen Sie sich eins mit der Natur? Mit Tieren? Mit Fremden?
- Wie wissen Sie, dass wir vereint sind? Und auf welchem Niveau?
- Glauben Sie, dass das Universum eins ist mit allem Leben?
- Sind Sie sich darüber im Klaren, dass eine Trennung der Dinge irreführend ist?
- Erkennen Sie die Lüge hinter jeder Form der Trennung?

Freude

- Wo finden Sie Freude in Ihrem Leben?
- Wie könnten Sie mehr Freude entwickeln?
- Können Sie Freude definieren?
- Können Sie mehr Freude im Leben zulassen?
- Erleben Sie Freude mit anderen? In der Natur? Mit Tieren?

Links **Nelson Mandela ist ein gutes Symbol fürs Herzchakra. Er gab der Welt Frieden, Freude und Dankbarkeit. Dies können wir auch in unserem eigenen Leben entwickeln. Für gesündere Beziehungen und reifere Erfahrungen.**

DER WEG AUS DER NEGATIVITÄT

- **Finden Sie Ihre Selbstliebe unabhängig von der Vergangenheit. Für Heilung und Loslösung.**
- **Vergebung der schmerzhaften, missbrauchenden oder destruktiven Vergangenheit. Für ein offenes Herz.**
- **Die Gegenwart akzeptieren. Hier kann Liebe unsere Wunden heilen und uns das Gefühl der Einheit zurückgeben.**
- **In Gottes Augen sind wir alle Kinder. Ein Volk, ein Planet. Unser spirituelles Ziel ist es, zuzulassen, geliebt zu werden.**
- **Uns selbst akzeptieren lernen. So wie wir sind, ohne Stolz oder Überheblichkeit. Öffnen Sie Ihr Herz für Gutes.**
- **Schreiben Sie auf, was Ihr Herz erfreut. Lassen Sie Freude aufleben durch Dinge, die Sie gern tun und Menschen, die Sie lieben.**
- **In schlimmen Situationen das Gute nicht aus den Augen verlieren und auch schwierigen Menschen helfen – das hält die Herzenergie lebendig.**

DIE FARBEN DES HERZCHAKRAS: GRÜN UND ROSA

Grün ist die neutralste Farbe des sichtbaren Spektrums. Sie hat die Wärme von Gelb, die Kühle von Blau und bringt Harmonie. Sie beruhigt die Nerven und ist wie ein Tonikum, wenn wir matt, müde oder deprimiert sind. Die Natur gibt ihre heilende Kraft durch diese Farbe. Das wussten schon die frühen Mönche, die ihre Augen mit grünem Beryll entspannten. Grün ruft Frieden und Ruhe hervor. Zu diesem Zweck wird die Farbe auch bei Kleidung und Dekorationen eingesetzt.

Rosa ist die wesentliche Farbe für das Herzchakra. Es ist die Farbe der Mutterliebe und findet sich in der Aura von allen Babys und Kindern. Rosa ist sanft, süß und beruhigend. Es verbessert Emotionen, reinigt den Geist und sorgt für Zartheit, die Zugänglichkeit signalisiert. Auch bei Herrenbekleidung und Inneneinrichtungen wird die Farbe immer öfter verwendet.

DAS KEHLCHAKRA
VISHUDDHA
Reinigung

Das Kehlchakra ist das erste energetische Zentrum, das den Menschen von anderen Lebensformen unterscheidet. In der Kabbala ist der Mensch „Der Sprecher". Mit dieser Eigenschaft können wir uns auf jedem Erfahrungsniveau austauschen. Wir müssen uns bewusst verpflichten, die Wahrheit zu sprechen und die Individualität deutlich und integer zu besingen. Wenn wir das tun, dienen wir unserem Geist wirklich.

Das Symbol des Kehlchakras

Kehl-chakra

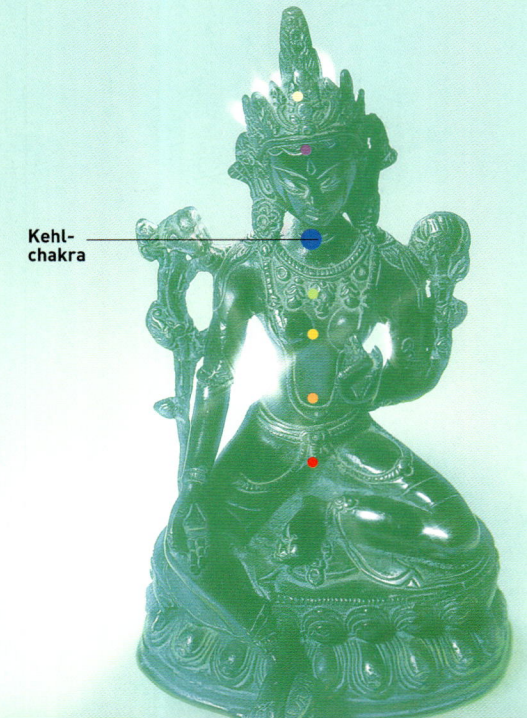

QUALITÄTEN UND EIGENSCHAFTEN

Das Kehlchakra ist der Zugang zu höheren spirituellen Ebenen und wird der „Mund Gottes" genannt. Der Name verweist auf die Stelle im Hals neben der *medulla oblongata*, dem unteren Teil des Gehirns im Rückenmark, wo die höhere spirituelle Energie im Körper kanalisiert wird. Dies geschieht bei einem offenen und freien Geist. Dort flüstern Engel in unser Ohr und gibt die spirituelle Inspiration unserem Leben Bedeutung und Zusammenhang.

Das Kehlchakra ist eine Hülle für subtile Energie. Seine Integrität kann durch Verwundungen und körperlichen und geistigen Missbrauch beschädigt werden. Das Kehlchakra schließt sich bei Kummer, nicht geäußerten Gefühlen von Angst oder Wut, Unehrlichkeit, Bösartigkeit und Lästerei. Jeder Drogenmissbrauch, der über die Kehle in den Körper dringt, ist schädlich: Alkohol, Rauchen, Drogen und übermäßige Nahrungsmengen bahnen sich den Weg durch die enge Kehlöffnung nach innen und stören den Energiefluss der unteren Chakren in Richtung Stirn- und Kronenchakra.

Sucht schwächt den Willen, wir können unsere Vitalität nicht mehr gut schützen. Unsere Gefühle verstummen, der Geist ist verwirrt und richtungslos. Wir können unsere höchste Wahrheit nicht mehr ausdrücken, wenn es am Dringendsten erforderlich wäre.

Wir sind nicht mehr integer, wenn wir unsere Individualität nicht achten. Für eine starke und lebendige Individualität müssen wir unsere Wahrheit äußern. Auch wenn wir dann Außenseiter oder anders sind als Andere. Wahres Erwachsensein zeigt sich, wenn man meint, was man sagt.

Sitz: im inneren und äußeren Hals

Resonanzalter: 28-35

Form: umgekehrte Pyramide, die am Kiefer hängt und mit der Spitze zum Herzen weist

Zugeordnete Drüse: Schilddrüse

Farbe: Türkis

Musiknote: G

Musik: Oper

Element: der Äther, der alle Dinge umfasst

Einsichten: Wille und Ausdruck

Sinnliche Erfahrung: Hören

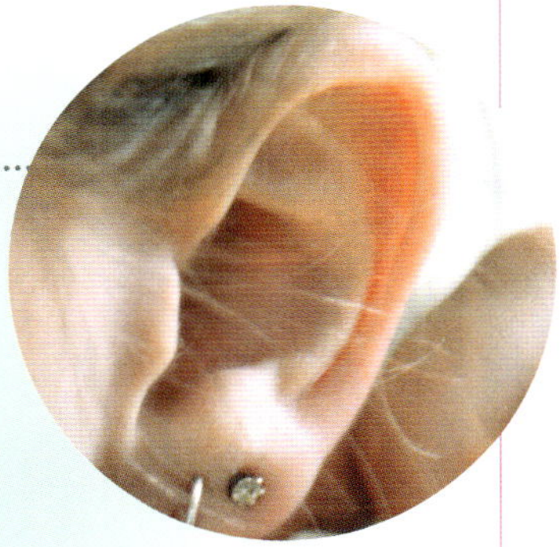

Ätherische Öle: blaue Kamille, Gardenie, Ylang-Ylang

Edelsteine: Türkis, Achat, Aquamarin

Planet: Merkur

Sternbild: Zwilling, Jungfrau

Metall: Quecksilber

Orte auf der Erde: Italien

Mythologisches Tier: amerikanischer Turmfalke

Pflanze: Gardenie

Eigenschaften: Wille, Kommunikation, Kreativität, Ehrlichkeit, Integrität

Lebensthemen: Ihren Willen schützen, Ihre höchste Wahrheit ausdrücken, kreativ leben

Körperliche Aktivitäten: Alexandertechnik, Yoga, osteopathische Behandlung des Rückgrats, Kraniosakraltherapie, Ausdruckstheater, Tanzen, Chigong, Tai-Chi

Spirituelle Aktivitäten: Psalme singen, Besinnungstage, Yoga, Gebet, Tagebuch schreiben, öffentlich sprechen

Positiver Archetyp: der Botschafter

Engelsgegenwart: Erzengel Gabriel, der Gottes Wort überbringt

Negativer Archetyp: das stille Kind

ARCHETYPEN

POSITIV: der Botschafter

Dieser Mensch lebt aus seiner persönlichen Integrität heraus und spricht nach bestem Wissen und Gewissen die Wahrheit. Er kann Gefühle gut ausdrücken, zu seiner Meinung stehen und angemessen „nein" sagen. Er ist vertrauenswürdig.

NEGATIV: das stille Kind

Bei diesem Menschen wird die Expressivität durch Angst oder Scham unterdrückt. Er verbirgt seine Gefühle und ist nicht mit seiner höheren Wahrheit verbunden. Er sagt „ja", wenn er „nein" meint.

DER EINFLUSS DES KEHLCHAKRAS

Das Kehlchakra beeinflusst direkt die Qualität unserer Kommunikation. Es ist mit unserer Integrität und unserem Gefühl für Humor verbunden. Wenn wir meinen, was wir sagen und Wort halten, beeinflussen wir die Art und Weise, in der andere Menschen uns wahrnehmen. Sie widmen uns Aufmerksamkeit und erkennen uns an. Je ehrlicher wir werden, desto größer wird das Kehlchakra. Es wird zum unbesiegbaren Verbündeten des Geistes und kanalisiert die Energie für unsere körperliche Vitalität sowie spirituelle Entwicklung. Durch Ehrlichkeit werden wir stärker und flexibler in unserem Denken. Dadurch bekommen wir so viel Energie, dass wir unser Ziel im Leben erreichen können. Ein starkes Kehlchakra funktioniert wie ein Reservoir für Energie. Es bewirkt, dass Energie nicht wegfließen oder stagnieren kann. Wenn wir aus unserer Integrität heraus leben und ehrlich kommunizieren, bildet sich eine energetische Hülle um unser Kehlchakra. Die Energie fließt dann durch die körperlichen, geistigen und emotionellen Zentren.

Die energetischen Löcher eines schlecht funktionierenden Kehlchakras werden als Müdigkeit, Schwäche oder vergeudete Energie erfahren und äußern sich auf körperlicher Ebene in einer schlecht funktionierenden Schilddrüse. Dagegen können Sie zwar herkömmliche Medikamente einnehmen, aber das ändert nichts daran, dass das Loch immer größer wird. Sie regen die Schilddrüse an und es kommt zur Überproduktion von Hormonen. Energetisch gesehen ist es bewiesen, dass das Aussprechen einer höheren Wahrheit wichtig ist. Sie müssen sich mit dem Geist verbinden, damit die Energie frei durchs System fließen kann und die Drüsen normale Hormonmengen abgeben können. Unsere Art zu leben und uns zu äußern beeinflusst direkt die Energiemenge für unser Leben. Das Kehlchakra ist mit der Willenskraft verbunden. Der Wille ist nicht für täglichen Kleinkram gedacht, sondern für spirituelle Prüfungen, die uns auf ein höheres Niveau bringen und viel körperliche Kraft kosten. Wenn Sie Ihre Willenskraft im Alltag nicht vergeuden, können Sie Ehrlichkeit und Willenskraft für spirituelle Entwicklung, Freude, Kreativität in Ihrem Beruf und in Beziehungen nutzen. Möglicherweise unterdrücken Sie

Links unten **George Washington ist ein Archetyp für Ehrlichkeit und Integrität, denen ein flexibles Kehlchakra zu Grunde liegt. Ehrlichkeit hilft uns, uns selbst treu zu bleiben und fürs Gute einzustehen.**

Unten **Die zarte Konstruktion des Kehlchakras wird durch Lügen, bösen Tratsch und Drogenmissbrauch beschädigt. Diese Aktivitäten schwächen die energetische Qualität des Chakras.**

Ihr Bedürfnis nach Veränderung. Wenn Sie sich auf Ihre höhere Wahrheit einstimmen, können Sie die Willenskraft für Herausforderungen bewahren, die wirklich wichtig sind.

Willenskraft verstärkt das Kehlchakra. Sie bleiben auf dem Weg ehrlichen Ausdrucks und das hilft bei der Entwicklung Ihres Charakters. Im psychosomatischen Bereich sind Wahrheit, Energie und Gefühle mit dem Leben des Körpers verbunden. Davon hängt ab, wie wohl Sie sich fühlen. Wenn Sie einen starken Willen entwickeln möchten, müssen Sie auch lernen, „nein" zu schädlichen Einflüssen aller Art sagen zu können.

Dieses Chakra ist direkt mit dem höheren Ich verbunden – dem überlegenen Aspekt des Seins, der Führung und Schutz bietet. Unsere persönliche Aufgabe besteht darin, dieser Führung zuzuhören und entsprechend zu handeln. Wenn Sie zu viel mit Lügen und Geschwätz anderer beschäftigt sind oder zu viel über andere Menschen tratschen, geht das höhere Ich in diesem Lärm unter. Das innere auditive System ist dann mit der Negativität von Lärm, Lügen und Übertreibung verschmutzt.

Das Kehlchakra beherrscht auch die Ohren. Wir stärken es, indem wir unserer inneren Stimme gut zuhören. Wenn wir hinhören, öffnet sich das Kehlchakra, der Kontakt mit dem Ich wird gestärkt. Es ist seit Langem bekannt, dass Töne Heilwirkung haben und das Immunsystem stärken können. Positive Bemerkungen haben ebenfalls Heilwirkung. Sie wirken sich direkt auf die Endorphinmenge im Blut aus.

Wenn wir hören, dass wir schön sind und geliebt werden, strahlt unser Geist. Bei negativen Bemerkungen ziehen wir uns zurück und verlieren unseren Kern. Wenn wir der Anerkennung durch andere zu viel Wert beimessen, glauben wir ihnen mehr als unserem eigenen Urteil.

Die Macht des Kehlchakras ist genauso stark wie unser Band mit der Wahrheit. Unsere innere Stimme möchte in Ruhe gehört werden und kann der Leitfaden unseres Lebens sein. Wir stärken ihn durch die Anerkennung und Erfahrung unserer

Die Schilddrüse reguliert den Grundmetabolismus, der sich direkt auf das Körperwachstum auswirkt: Gebissentwicklung, Muskelstärkung und geistige Entwicklung. Es fördert die funktionelle Entwicklung der Geschlechtsorgane und Schilddrüsen.

Schilddrüse ....

Gefühle und sie als das zu sehen, was sie sind. Das heißt, dass wir unsere Gefühle erfahren, auch wenn wir sie nicht unbedingt zum Ausdruck bringen müssen. Werden sie unterdrückt, fließt keine Energie mehr und wir kennen unsere innere Wahrheit nicht. Ein offenes, energiegeladenes Chakra sorgt für innere Schönheit und Ausstrahlung. Dazu braucht es Willenskraft, mit der die Angst überwunden werden kann, für sich selbst einzustehen. Auch muss der Wunsch vorhanden sein, emotional und psychisch zu reifen. Die Heilung des Kehlchakras beginnt mit einer gesunden Beziehung zur Wahrheit. Negative emotionelle Erfahrungen werden in der Kehle unterdrückt: Wir sagen nicht, was wir fühlen – egal wie verletzt oder traurig wir sind. Die Wahrheit macht uns mündig.

Menschen können sich komplett verändern, wenn sie sich mit der Wahrheit verbunden haben. Energie, Vitalität, Schönheit und Lebenslust sind plötzlich an ihrem Körper und Gesicht zu sehen. Diese Menschen wissen, dass Ehrlichkeit sie mit ihrer eigenen Wahrheit verbindet.

Unten **Unser Vermögen, deutlich zu kommunizieren, ist für die Qualität unserer Erfahrungen ausschlaggebend. Es zeigt auch, wie weit wir im Leben verstanden und unterstützt werden möchten. Das sind die wesentlichen Qualitäten des Kehlchakras.**

DAS KEHLCHAKRA BETRETEN

Es gibt viele Wege, das Kehlchakra zu öffnen. Wenn Gefühle und echter Ausdruck unterdrückt wurden, kann eine Therapie helfen. Gesangsstunden oder Stimmübungen verstärken die Kehle ebenfalls. Bei jeder dieser Übungen werden wir uns unserer Gefühle bewusst. Wenn Sie Ihr Bestes geben, um ehrlich zu sein, sind Sie auf dem Weg der Heilung. Ein Leben voller Lügen, Halbwahrheiten und unterdrückter Gefühle beschädigt das Kehlchakra.

Viele Menschen haben keinen Kontakt zu ihrer inneren Wirklichkeit und wissen nicht, was sie von Innen erfahren. Machen Sie sich mit Ihren Gefühlen so vertraut wie möglich. Wenn Sie wütend, traurig, besorgt oder fröhlich sind, kommt es Ihrer Entwicklung zugute, wenn Sie diese Stimmungen wahr-

Oben **Ihrer eigenen Stimme zuzuhören, hilft Ihnen, sich auszu-drücken. Nehmen Sie sie auf, wenn Sie die Affir-mationen aussprechen. Spielen Sie die Aufnahme ab, wenn Sie schlafen.**

nehmen. Wenn Sie ehrlich mit Ihren Gefühlen umgehen können, haben Sie die Möglichkeit, eine tiefere Wahr-heit zu sehen.

Es hilft uns, bewusst zu sein, was wir fühlen. Das sorgt für ein besseres Verständnis für uns selbst. Werden wir beleidigt oder angegriffen – und ist es auch noch so subtil, ein kleiner Schlag unter die Gürtellinie – zieht unser Geist sich zurück. Unser Selbstres-pekt wird geschwächt. Der Geist wird von einer Beleidigung oder Erniedrigung weder belebt noch unterstützt. Es wichtig, unseren Lieben klar zu machen, dass es uns nicht zum Vorteil gereicht, wenn sie ihre eigenen Frustrationen an uns auslassen. Das ist ein großer Kommunikationsschritt in Richtung Wahrheit.

Das bedeutet jedoch, dass wir uns selbst genug lieben müssen, um zu wissen, dass unser Geist diesen Schutz verdient. Beleidi-gungen und hasserfüllte Bemerkungen machen immer nur Menschen, die sich anderen überlegen fühlen. Sie kriegen meistens nicht mit, dass ihre Bemerkungen ziemlich spitz sind. Jede Bemerkung, die wir unverdrossen und ohne unsere Gefühle zu erkennen, an uns vorüberziehen lassen, betäubt uns und verschließt unsere Kehle.

Wenn wir unsere persönliche Wahrheit ehren und aussprechen, wachsen wir inner-lich. Der Drang, anderen gefallen zu wollen, nimmt ab. Wir lernen, unseren Geist selbst zu nähren. Diese Veränderung nennt sich erwachsene Reife und psychologische Ent-wicklung. Die Bestätigung unseres Werts und der Respekt vor unseren persönlichen Entscheidungen hinsichtlich Glück, Gesund-heit und Wohlbefinden zeigen anderen, dass wir es wert sind, gesehen zu werden.

Zu sich selbst zu stehen, auch wenn es schwierig wird, gibt uns Vertrauen in uns selbst und ist wichtig für den Erhalt unserer Vitalität und Integrität. Negative Handlun-gen anderer auf die leichte Schulter zu neh-

AFFIRMATIONEN FÜR DAS KEHLCHAKRA

Wiederholen Sie die Affirmationen jeden Morgen und Abend, wenn Sie das Kehlchakra betreten möchten.

ICH LEBE IN MEINER WAHRHEIT,

ICH GEBE MEINE WAHRHEIT WEITER, ICH BIN DIE WAHRHEIT.

Kommunikation ist wichtig für mein Wohlbefinden.
Ich teile meine Erfahrungen und meine Wahrheit gern mit.
Ich höre der Wahrheit anderer zu.
Meine Willenskraft passt zum spirituellen Ziel meines Lebens.
Mit jeder Herausforderung entwickele ich Willenskraft.
Ich äußere meine Wahrheit so kreativ wie möglich.
Ich kommuniziere mit Menschen, die sich für mich öffnen.
Ich höre mir selbst zu und vertraue meiner inneren Stimme.
Ich entwickele Integrität.
Meine Kommunikation kommt direkt aus meinem innersten Kern.
Ich äußere Liebe und Güte in allem, was ich sage.
Mein Geist ruht in Frieden und Stille.
Ich vertraue auf die flüsternden Stimmen der Engel, denen ich in der Stille begegne.

men, fördert auch deren Integrität nicht.

Affirmationen laut aussprechen, hilft ausgezeichnet in diesen Prozess hineinzugehen. Stellen Sie sich vor einen Spiegel, in dem Sie sich ganz sehen können. Üben Sie das Aussprechen der Affirmationen aus dem Bauch heraus. Tun Sie dies mit einer tiefen Stimme. Sagen Sie zu sich selbst, dass Sie sind, was Sie sein können. Wiederholen Sie die Affirmationen mehrere Male.

Wenn Sie sie in Ihr Unterbewusstsein integrieren möchten, sprechen Sie sie auf Band. Spielen Sie es nachts im Schlaf ab. Lassen Sie es auf sich einwirken. Das geht auch während des Autofahrens, beim Joggen oder unter der Dusche. Manche Menschen denken sich eine Melodie aus und singen ihre Affirmationen. Sprechen Sie sie auf jeden Fall immer laut aus.

Lesen Sie anderen Ihre Affirmationen vor. Bitten Sie sie, in drei Meter Entfernung zu stehen, damit Sie mit lauter Stimme sprechen müssen. Fragen Sie sie, ob Sie überzeugend sind. Projizieren Sie Ihre Stimme auf sie, damit sie die Qualität Ihrer Kommunikation empfangen können. Das zwingt Sie, Ihre Affirmationen glaubwürdig zu präsentieren.

Neben der Affirmationsübung können Sie sich auch in Stille üben. Stille beruhigt den Geist und lässt Ihnen Raum nachzudenken, was Sie anderen sagen. Stille hilft, die Worte abzuwägen. Wir bekommen die Chance, den Engeln zuzuhören, die in unser

Ohr flüstern. Das bietet Inspiration und Führung. Wenn Sie Lärm gewohnt sind, kann es Übung erfordern, um Stille als angenehm zu erfahren.

Oben **Sting stärkt sein Kehlchakra mit Singen. Er äußert sich mühelos zu Angelegenheiten, zu denen er eine klare Meinung hat. Kommunizieren Sie Ihre Wahrheit, damit andere wissen, was Sie denken und fühlen.**

Links **Meinungsfreiheit ist ein Geschenk. Das Aussprechen unserer Wahrheit unterscheidet uns von allen anderen Lebensformen. Darüber sind wir uns zu selten im Klaren. Bringen Sie Ihr Bestes bei denjenigen zum Ausdruck, die Sie so schätzen, wie Sie sind.**

MEDITATION FÜR DAS KEHLCHAKRA

Nehmen Sie eine Kerze und ein paar Räucherstäbchen, setzen Sie sich

bequem mit geradem Rücken hin. Ihr Kopf ruht auf Ihren Schultern. Atmen Sie

ein paar Mal tief ein, damit sich die Muskeln im oberen Rücken und in der Brust

entspannen. Lassen Sie den Kiefer sacken und entspannen Sie die Zunge. Fühlen Sie, wie

Verspannungen aus Ihrem Kopf wegfließen und Ihre Augen sich nach innen richten. Zünden

Sie Kerze und Räucherstäbchen an. Konzentrieren Sie sich auf Mund und Kehle. Lassen Sie

alle Blockaden in diesem Gebiet los, indem Sie tief durchatmen. Schließen Sie die Augen.

Stellen Sie sich eine türkisblaue, umgekehrte Pyramide vor, die an Ihrem Kiefer hängt.

Die Spitze der Pyramide weist zu Ihrem Herzen. Vergrößern Sie nun die Form und

intensivieren Sie die Farbe. Fühlen Sie, wie die Pyramide die Kehlenenergie im

Nacken und Hals gefangen hält. Der Druck im Nacken und die Verspannung

von Kehle und Zunge lösen sich, wenn Sie diesen Bereich mit

türkisem Licht fluten. Die Energie strahlt aus Ihrer Kehle.

Sie wird mehr und füllt Sie aus.

stellen sie sich eine TÜRKISBLAUE, umgekehrte PYRAMIDE vor, die an ihrem KIEFER HÄNGT.

Bauen Sie zunächst die Qualitäten des Kehlchakras in die

Pyramide ein. Das Band um Ihren Kiefer wird stärker, wenn Sie

sich der Tiefe Ihrer persönlichen Integrität bewusst werden. Sie enthält die

Verpflichtung zur Wahrheit. Die hintere Pyramidenwand enthält die Energie

ihrer persönlichen Wahrheit und Gottes höhere Wahrheit. Er nährt Ihre Ohren mit

Energie, damit Sie beim Erfahren der Wahrheit wissen, dass Sie geführt werden. Die

linke Seite der umgekehrten Pyramide symbolisiert die Willenskraft. Jedes Mal, wenn

Sie für sich selbst einstehen oder eine Aufgabe vollbracht haben, wird der Wille

gestärkt. Lösen Sie Unerledigtes in Beziehungen so gut wie möglich. Das hilft

Ihnen, mit Ihrer Spiritualität und der weltlichen Umgebung in Verbindung zu

bleiben. Es befreit auch Energie, die tief im Kehlchakra unterdrückt wurde.

Der vorderste Punkt der Pyramide symbolisiert die Kommunikationsenergie. Er nährt die Stimmbänder und den Kehlkopf und hilft Ihnen dabei, Ihre Wahrheit auszusprechen sowie mit anderen in einen gesunden, erfüllenden Kontakt zu treten. In der rechten unteren Ecke befindet sich die kreative Energie, die Ihnen hilft, sich besser zu äußern. Sie kann für Kunst, Schreiben, Musik und alles Erfüllende eingesetzt werden. Kreative Ausdrucksformen helfen Ihnen bei Ihrer Entwicklung. Setzen Sie sich in Stille hin. Halten Sie diese Energie im Kehlzentrum fest. Öffnen Sie die Ohren für die Wahrheit, lassen Sie die Willenskraft stärker werden. Fühlen Sie, wie der kreative Energiestrom Ihren Geist anregt und das Verlangen fördert, sich anderen mitzuteilen. Besiegeln Sie dieses Chakra mit einem Kreuz aus Licht in einem Kreis aus Licht. Hören Sie das Gute und Wahre, was über Sie gesagt wird. Sie fühlen und zeigen es. Sie sind die Wahrheit. Nehmen Sie sich nach der Meditation Zeit, um in Stille noch etwas zu verweilen. Es braucht Zeit, das Gehör wieder an die Außenwelt anzupassen. Tun Sie dies mit freundlicher Aufmerksamkeit. Es kann sein, dass Sie Geräusche hören, die Ihnen vorher nie aufgefallen sind: Vogelgesang, das Flüstern von Blättern im Wind oder Wasser, das aus einem Springbrunnen plätschert. Widmen Sie dem, was Sie hören wollen, Aufmerksamkeit.

EDELSTEINE

TÜRKIS

Türkis ist in asiatischen und nordamerikanischen Indianer-kulturen sehr beliebt. Es wird behauptet, dass der Türkis den Geist des Schöpfers in sich trägt. Nutzen Sie ihn zur Vergrößerung der Energie des Kehlchakras. Er heilt jeglichen Energieverlust und verpflichtet zu tiefer Ehrlichkeit.

AQUAMARIN

In diesem wunderbaren Stein schimmert die Schönheit des Meeres und der Luft. Er symbolisiert Harmonie und die Verpflichtung, die eigenen Gefühle jemandem mitzuteilen, mit dem man ein Leben lang in Gespräch bleiben möchte.

BLAUER ACHAT

Dieser Stein hilft bei der Verankerung des Geistes im Körper. Er spart körperliche Energie, damit sie nicht in ablenkenden Gesprächen vergeudet wird. Er ist eine Hilfe für deutliche Kommunikation, Ehrlichkeit und Stärkung der Willenskraft.

FRAGEN ZUM KEHLCHAKRA

Diese Fragen drehen sich um Ihre Niveaus von deutlicher Kommunikation und bewusster Integrität. Sie richten sich auf alle Qualitäten des Kehlchakras und helfen Ihnen, sich selbst besser zu begreifen. Sind Sie schüchtern und haben Sie Angst, ehrlich zu sein? Finden Sie heraus, was dahintersteckt. Sind Sie extrovertiert und necken Sie andere gern? Untersuchen Sie die Tatsache, dass Sie für tiefe Gefühle und gemeinsame Intimität nicht offen sind.

Ziel dieser Fragen ist es, Ihnen zu helfen, ins Gleichgewicht zu kommen. Für manche Menschen bedeutet das, mehr Expressivität, bei anderen geht es um Qualität und Ehrlichkeit in ihrer Kommunikation. Kreativität kann uns helfen, unser wahres Ich, Ehrlichkeit und Integrität zu finden. Für Integrität ist es wesentlich, dass wir meinen, was wir sagen und sagen, was wir meinen. Es kann dauern, bis wir uns mit deutlicher Kommunikation vertraut fühlen. Dazu braucht es Reflexion und die Bereitschaft, zum eigenen Kern vorzudringen, wenn wir uns anderen mitteilen.

Kommunikation

- Wie sehr sind Sie bereit, Ihre Wahrheit anderen mitzuteilen?
- Sagen Sie, was Sie denken?
- Halten Sie Ihren Mund, wenn Sie etwas zum Leben anderer beitragen können?
- Teilen Sie anderen Ihre Wahrheit mit?
- Sind Sie in Ihrer Kommunikation offen, deutlich und ehrlich?
- Können Sie Ihre Gefühle problemlos äußern?
- Urteilen Sie über andere, die ihre Gefühle geäußert haben?
- Werden Sie ängstlich und verschlossen, wenn Sie Ihre Gefühle äußern sollen?
- Wissen Sie, wann es an der Zeit ist, still zu sein?

Rechts **Die Waage von Justitia symbolisiert das Abwägen der Beweise. Gerechtigkeit beruht auf Integrität und Ehrlichkeit und ist nur möglich, wenn wir bewusst leben – frei von Größenwahn, Projektion und Schuldgefühl.**

Nächste Seite **Türkis ist die Farbe des Kehlchakras und wird seit der Antike gepriesen. Sie kommt in der byzantinischen und türkischen Kultur häufig vor.**

- Können Sie ruhig und still sein, wenn es erforderlich ist?

Integrität

- Wissen Sie, wie wichtig persönliche Integrität ist?
- Tun Sie, was Sie behaupten zu tun?
- Sind Sie anderen eine Stütze? Halten Sie Ihr Versprechen, ihnen beizustehen?
- Sind Sie gegenüber anderen wahrheitsgetreu und ehrlich?
- Sind Sie sich selbst gegenüber ehrlich, auch wenn es um unangenehme Gefühle geht?
- Wie erfahren Sie Ihre Integrität?
- Wissen Sie, ob jemand integer handelt?
- Wissen Sie, ob jemand lügt und unehrlich ist?
- Sind Sie sich selbst und anderen gegenüber ehrlich?
- Wie bewerten Sie Integrität?

Wahrheit

- Achten Sie Ihre persönliche Wahrheit?
- Wenden Sie sich für die Wahrheit an Ihren Körper, Ihre Gefühle und Ihren Geist?
- Schätzen Sie die Wahrheit Ihres Herzens ebenso wie die Wahrheit Ihres Geistes?
- Wissen Sie, wann andere Ihnen gegenüber ehrlich sind?
- Können Sie hören, wie die Wahrheit Ihres Inneren ausgesprochen werden möchte?
- Möchten Sie die Wahrheit bei manchen Menschen und Situationen lieber verbergen?
- Wie ehrlich sind Sie gegenüber Menschen, die Sie nicht mögen?
- Finden Sie, dass Ehrlichkeit beleidigend sein darf?

Willenskraft

- ☼ Wie stark ist Ihr Wille?
- ☼ Setzen Sie Ihre Willenskraft bei alltäglichen Arbeiten ein?
- ☼ Bewahren Sie Willenskraft für besondere Herausforderungen?
- ☼ Entwickeln Sie Willenskraft durch selbstauferlegte Aufgaben?
- ☼ Finden Sie, dass Sie beim Sport und Essen mehr Willenskraft bräuchten?
- ☼ Können Sie mit Ihrem starken Willen Probleme lösen?
- ☼ Übergeben Sie Ihren Willen einer höheren Macht?
- ☼ Bringen Sie Aufgaben auch zu Ende?
- ☼ Können Sie Ihre Willenskraft zur Entwicklung von Disziplin und Weisheit einsetzen?
- ☼ Haben Sie Willenskraft für schwierige Zeiten entwickelt?
- ☼ Nutzen Sie Ihre Willenskraft zum Überleben oder für ein höheres Ziel?

Kreativität

- ☼ Wo kanalisieren Sie Ihre kreative Energie?
- ☼ Welche Aktivität finden Sie am kreativsten?
- ☼ Leben Sie aus Ihrem kreativen Geist heraus?
- ☼ Gestalten Sie jede Aufgabe kreativ und fröhlich?
- ☼ Sehen Sie den Zusammenhang zwischen Ihrer Kreativität und Ihrem Geist?
- ☼ Wie könnten Sie mehr Kreativität in Ihr Leben bringen?
- ☼ Welche kreativen Ausdrucksformen würden Sie gern noch entwickeln?
- ☼ Sind Sie gern kreativ in Ihrem Beruf? Zu Hause? In Ihrem Kleidungsstil? Im Ihrem Garten?
- ☼ Gibt es Ihnen ein gutes Gefühl, wenn Sie kreativ sind?

Rechts **Billie Holiday hatte eine wunderbare Stimme. Sie liebte Gardenien, die Blume des Kehlchakras.**

CIBALI SIGARA FABRIKASI

DIE FARBE DES KEHLCHAKRAS: TÜRKIS

Türkis ist die Farbe von Kreativität und Selbstausdruck. Diese Mischung aus Grün (Herzchakra) und Blau (Stirnchakra) symbolisiert einen kreativen Geist, alle Formen kreativen Ausdrucks, Kommunikation, Wahrheit und Willenskraft. Die Farbe wird von den amerikanischen Ureinwohnern und alten asiatischen Kulturen verehrt. Sie suggeriert die Schönheit der Luft und den universellen Geist. Viele Kirchen sind in Terrakotta- und Türkistönen gehalten. Die Blaue Moschee in Istanbul besteht aus tausenden kleinen Mosaiksteinchen. Das Wort „türkis" stammt vom Französischen „turquoise" ab und bedeutet „türkischer Stein". Die Farbe wendet sich an den Geist und ist mit der endlosen Weite von Meer und Luft verbunden, die für ein Gefühl von Schönheit, Tiefe und Freiheit sorgen. Die Farbe beruhigt Seele und Körper und hat eine Blutdruck senkende Wirkung. Sie wird häufig für Entspannungsräume sowie Dekorationen, Kleidung und Orte verwendet, wo Schönheit wichtig ist.

DER WEG AUS DER NEGATIVITÄT

- ☼ Seien Sie in allen Situationen so ehrlich wie möglich.
- ☼ Lassen Sie Ihrem kreativen Geist in allen Äußerungen und Aktivitäten freien Lauf.
- ☼ Seien Sie maßvoll im Umgang mit Tabak, Drogen, Medikamenten, Essen und Alkohol. Sie schwächen den Willen und vernichten das Kehlchakra.
- ☼ Reden Sie nicht über andere. Tratsch schädigt alle Beteiligten.
- ☼ Arbeiten Sie an Ihrer Glaubwürdigkeit und Integrität. Sie werden Respekt ernten.
- ☼ Vertrauen Sie Ihrem Gefühl und Ihrer eigenen Wahrheit.
- ☼ Vertrauen Sie auf Güte, Wahrheit, Liebe und Freundlichkeit. Dann können Sie offen bleiben.
- ☼ Seien Sie deutlich und stehen Sie zu dem, was Sie sagen. Ihre Kommunikation ist wichtig.

DAS STIRNCHAKRA
AJNA
Wahrnehmung, Wissen

Dies ist das Kontrollzentrum, das sich auf die Kultivierung eines starken und abhängigen Geistes konzentriert. Es enthält die geistigen Fähigkeiten, die wir für ein glückliches und volles Leben brauchen. Es wird mit Mitte 30 aktiv, wenn unsere Lebenserfahrung die jugendlichen Denkbilder der Realität angepasst hat. Dieses Chakra will alle geistigen Einschränkungen aufheben, die in Folge psychologischen Stillstands aufgetreten sind – zum Beispiel
durch familiäre oder kulturelle Unterdrückung.

Das Symbol des Stirnchakras

Stirnchakra

QUALITÄTEN UND EIGENSCHAFTEN

Das Stirnchakra gibt uns Energie für klare Gedanken, die Gabe zu spiritueller Reflexion und gedanklicher Abwägung. Es enthält die Wurzeln für psychologische Reife sowie ethische und philosophische Prinzipien.

Ein vollständig aktiviertes Chakra stimuliert beide Hirnhälften. Die rechte Hälfte steuert synthetisches Denken und kreative Aktivität. Die linke Hälfte steuert das rationelle, analytische Denken. Wenn sie zusammenwirken, entsteht eine harmonische Sicht der Wirklichkeit, in der begründete, logische Gedankengänge mit intuitiver Erfahrung verbunden sind.

Das Stirnchakra sorgt für die Energie, mit der wir unsere innere Vorstellung von uns selbst und der Welt erweitern können. Wer positiv über sich und andere denkt, verstärkt sein geistiges Bild und ist standfester. Es geht um die geistige Kraft, um auf körperlicher, geistiger und emotioneller Ebene unsere Wirklichkeit zu schaffen. Dort verändern wir unser Leben, machen uns unsere Vitalität zu Nutze und setzen unsere Träume um. Das Stirnchakra bietet Energie, um den Geist zu wecken und herauszufinden, was Wahrheit ist und was nicht.

Zwecks Aktivierung des Stirnchakras müssen wir unsere einschränkenden, herabsetzenden Ideen über uns selbst untersuchen. Das spirituelle Ziel dieses Chakras ist die Möglichkeit, Weisheit, Einsicht, Phantasie, Intuition und Wissen zu sammeln. Wenn wir die Wahrheit von der Lebenserfahrung unterscheiden, entwickeln wir dieses Chakra und stärken unseren Geist.

Sitz: zwischen den Augenbrauen

Resonanzalter: 35-42

Form: ein Stern mit fünf Spitzen

Zugeordnete Drüse: Hypophyse

Farbe: Indigoblau

Musiknote: A

Musik: klassisch, vor allem Sonaten von Mozart

Element: der Kosmos

Einsichten: Kontrolle und Weisheit

Metall: Silber

Pflanze: Mandelblüten

Sternbild: Schütze, Fisch

Planeten: Mond

Sinnliche Erfahrung: Wahrnehmung/Intuition

Edelsteine: Saphir, Tansanit, Lapislazuli

Orte auf der Erde: Peru und die Rocky Mountains

Ätherische Öle: Kampfer, Platterbsen, Vanilleblume

Mythologisches Tier: Habicht

Qualitäten: Weisheit, Einsicht, Phantasie, Intuition und Wissen

Lebensthemen: Ausrichtung der Intelligenz: Wissen, was das höchste Gut und die größte Freude sind. Weisheit aus guten und schlechten Erfahrung beziehen, Entscheidung für Leben, Gesundheit, Freude und Erfüllung in jedem Aspekt des Lebens

Körperliche Aktivitäten: Yoga, Tai Chi, Chi Gong, Augenübungen nach der Bates-Methode

Spirituelle Aktivitäten: Klares Nachdenken übers Leben, gute Bücher und Filme, Reflexion, Überlegung, Meditation und kreative Nutzung der Phantasie, um sich das gewünschte Leben vorzustellen

Positiver Archetyp: eine weise oder ältere Person

Negativer Archetyp: der Intellektuelle

Engelsgegenwart: Schechina, das weibliche Gesicht Gottes

ARCHETYPEN

POSITIV: der weise Mensch

Menschen mit feiner Weisheit sind laut der Bibel nicht mit Gold aufzuwiegen. Sie geben ihre Lebenserfahrung weiter und helfen anderen auf ihrem Lebensweg. Sie ermuntern zu spiritueller Suche und körperlichen Abenteuern. Sie helfen uns, die richtige Entscheidung zu treffen. Weise Menschen leben nach universellen Prinzipien und vertrauen einer höheren Macht, die sie durch die Höhen und Tiefen des Lebens trägt.

NEGATIV: der Intellektuelle

Das ist ein Mensch, der Informationen ausschließlich aus dem rational-analytischen Denken bezieht. Emotionen und Spiritualität spielen dabei keine Rolle. Die Gedanken sind meist eher trocken, leblos und energiearm. Intellektuelle vertrauen ausschließlich konventionellen Ideen. Sie urteilen gern und haben ein enges Weltbild.

DER EINFLUSS DES STIRNCHAKRAS

Das Stirnchakra versorgt alle Sinne mit Energie: Augen, Ohren, Nase und Mund. Es fördert unsere sinnliche Wahrnehmung und bietet dem Hirn Energie für Positivität und Aktivität. Es öffnet die Türen zu den höheren, spirituellen Ebenen um uns herum. Ein gut entwickeltes Gefühl und ein offener Geist bieten den entsprechenden Zugang. Sie können mit einem visionären Geist neue Möglichkeiten in rationeller oder instinktiver Weise in die Tat umsetzen.

Oben **Das Bindi ist ein altes hinduistisches Zeichen für das Dritte Auge, dem Sitz der inneren Reflexion und des göttlichen Bewusstseins.**

DAS STIRNCHAKRA UND DIE HYPOPHYSE

Die Hypophyse befindet sich zwischen den Augenbrauen in der Mitte des Keilbeins. Dieses „Dritte Auge" ist der Sitz von Intuition und hellseherischen Fähigkeiten. Es wird zwischen Vorder- und Hinterlappen unterschieden, die jeweils eine andere Drüsenfunktion steuern.

Unselbständiges Denken, Verwirrung, geistige Undeutlichkeit oder Dumpfheit deuten auf eine schlecht funktionierende Hypophyse hin. Sie ist die Hauptdrüse, deren Hormone alle anderen Drüsen im Körper kontrollieren. Ihre Grundhormone beherrschen das Skelettwachstum, die sexuelle Entwicklung und Reife sowie bei Frauen die Milchentwicklung. Sie beeinflussen Schilddrüse, Nebenniere, Blutdruck sowie körperliches und geistiges Wachstum. Inneres Wissen, Vertrauen auf Intuition und Kreativität wirken sich positiv auf diese Drüse aus. Schränken wir uns unreflektiert selbst ein, stören wir die Funktion der Drüse. Unsere Gedanken haben großen Einfluss aufs körperliche Wohlbefinden, auf Hormone und die endokrinen Drüsen.

Heilung ist eine Funktion unseres Geistes. Sie öffnet uns für das Gute, das uns umgibt. Es hilft uns zu erkennen, dass uns nichts fehlt, wir Recht auf Liebe und die Erfüllung unserer Wünsche haben. Es vergrößert die Reichweite unserer Möglichkeiten und rückt Dinge an die richtige Stelle, wenn wir müde oder verwirrt sind.

Das Stirnchakra reagiert vor allem auf Affirmationen des Guten und des Selbstwerts. Damit schaffen wir im Unterbewusstsein die Grundlage für das Gute. Es hilft uns, uns neu zu programmieren und umfassendere Möglichkeiten für emotionelles Glück und körperliches Wohlbefinden aufzunehmen. Das Stirnchakra weitet sich aus, wenn wir eine positive, hoffnungsvolle Perspektive für uns selbst, unsere Gesundheit, unser persönliches Glück und unsere Spiritualität entwickeln. In diesem Chakra beginnt der Heilungsprozess, der uns bestätigt, wer wir sind.

Wenn wir unseren Geist erweitern, lernen wir, gesunde, optimale Entscheidungen zu treffen, die auch realistisch sind. Hilfe bietet auch die Abstimmung unseres Geistes auf die universelle, liebevolle Intelligenz, die alles sieht und hört – ungeachtet, in welchem Maße wir sie erfahren. Sie reagiert bestätigend auf das, was wir über uns selbst denken. Glauben wir an Liebe, Güte, Gesundheit und Wohlbefinden, bestätigt sie dies. Glauben wir das Gegenteil, bestätigt sie dies ebenfalls. Mit anderen Worten: Diese Kraft bestätigt immer jeweils das, was wir als Wahrheit betrachten. Wir müssen sorgfältig untersuchen, was wir in unser Weltbild aufnehmen, was wahr ist und was Tiefe, Beständigkeit und Gnade bietet.

Weisheit und Intelligenz helfen bei der Verfeinerung des höheren Geists. Dadurch können wir uns entscheiden, welche Güte wir in unserem Leben möchten. Jedes Individuum hat seine Entscheidungsfreiheit. Je weiter sich das Stirnchakra entwickelt und wir psychologisch reifen, desto klarer

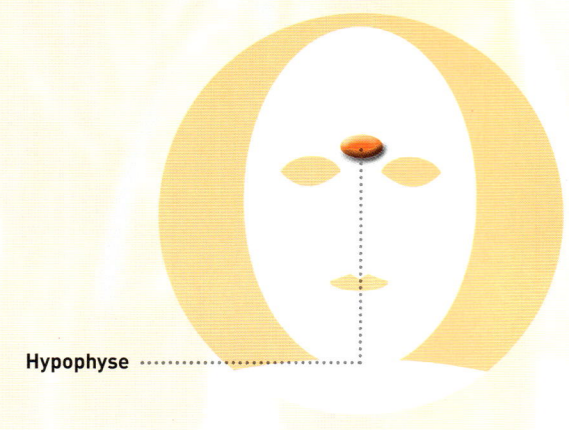

Hypophyse ....

wissen wir, dass wir unsere Sicht des Lebens verändern können. Wir können die Kraft des Geistes vergrößern und eine gesündere Wirklichkeit schaffen. Ein flexibler Geist öffnet die Türen zu wahrer Heilung.

Das Stirnchakra beherrscht Körper und Geist, Herzschlag und Blutdruck sowie Schmerzempfinden. Mit Meditation und Yoga kann es die Gesundung fördern und den Alterungsprozess verzögern. Positives Denken erhöht das Endorphin im Blut. Diese natürliche Substanz steuert unser Wohlbefinden und sorgt für Energiereserven, auf die wir bei Stress und Krankheit zurückgreifen können.

Wenn der Geist gesünder wird, geschieht mit dem Körper das Gleiche. Positives Denken fördert positive Situationen. Wir lösen uns von zerstörerischen Gedankengängen, die unserer Gesundheit schaden und öffnen uns für Licht und Liebe.

Wir nutzen unseren Geist für die Entwicklung eines gesunden Stirnchakras und beziehen dazu Weisheit aus der Vergangenheit. Wir stellen uns die Frage, was wir in schwierigen Situationen und von anderen Menschen gelernt haben.

Eine andere Möglichkeit ist es, den Geist auszuschalten und Stille walten zu lassen. Das geschieht in der Meditation. Sie öffnet die Tür zu höheren spirituellen Ebenen, wo wir der Quelle vertrauen können, die uns zu Freiheit, Liebe und Freude führt. Ein überarbeiteter Geist kann die Wirklichkeit stören und uns die Illusion geben, wir hätten alles unter Kontrolle. Wenn wir darauf vertrauen, dass der höhere Geist mit uns kooperiert, finden wir gute, praktische Lösungen für unser Leben. Wir kennen die Antworten auf alle unsere Probleme. Suchen wir sie in unserer Umgebung, in der Welt oder bei anderen, wissen wir unsere

eigene Weisheit nicht richtig zu schätzen. Lassen wir unseren Geist oder unsere Macht einfach los, werden wir zu Marionetten vorgeschriebener Formeln und schneller Lösungen, die uns beherrschen und einschränken - sei es bei unserer spirituellen Suche, bei medizinischen Interventionen oder unpersönlicher Einmischung in unser Leben. Wir werden dann nicht in unserer Ganzheit wahrgenommen. Wenn wir uns weigern, selbständig zu denken und die Vor- und Nachteile einer Situation selbst abzuwägen, verspielen wir das Recht auf eigene Entscheidungen.

Je weiter das Stirnchakra entwickelt ist, desto besser sind wir in der Lage, unser Inneres zu befragen, das aus der Tiefe unseres Wesens kommt. Die Verfeinerung der Weisheit des höheren Geists schafft Energiereserven, die uns für den Rest unseres Lebens körperlich und geistig gesund halten können. Wahrnehmung hilft uns, auf dem richtigen Weg zu bleiben und die richtigen Menschen auszuwählen. Unser Wissen kann unsere Lebensaufgaben vereinfachen. Intuition und Phantasie helfen, das Beste aus dem Leben herauszuholen.

Die Heilung unserer körperlichen Energie und die Heilung unseres Geistes ist eine große Aufgabe. Dieses Zentrum steuert nämlich den größten Teil von uns: unser Verhalten. Es ist wichtig, eine realistische und fundierte Haltung zu entwickeln, die uns hilft, Gutes zu tun. Wir bauen an einem kompletten Kontext für unsere Lebenserfahrungen. Wir vergeben der Vergangenheit und freuen uns aufs Licht. Die Heilung des Geistes geht mit Selbstreflexion und dem Aufgeben einschränkender Idee einher.

Oben **Das Horusauge ist ein altägyptisches Zeichen des inneren Wissens. Es erinnert uns an die höhere Macht des Geistes, Wahrheit, intuitives Bewusstsein und Weisheit.**

Unten **Wer über heiße Kohlen laufen will, muss die Beschränktheit des Geistes in unendliches Potential transformieren. Wer es versucht, merkt, dass man das Leben heilen kann, indem man einschränkende Ideen über die eigenen Fähigkeiten fahren lässt.**

DAS STIRNCHAKRA BETRETEN

Wir betreten das Stirnchakra, indem wir untersuchen, wie wir über uns selbst und unser Leben denken. Sind wir positiv eingestellt, funktioniert unser Stirnchakra gut. Wir haben genug Energie, um alles tun zu können, was uns Spaß macht. Plagen uns Selbstzweifel und eine negative Meinung über unsere Person, sollten wir unsere Denkbilder dringend ändern, damit das Chakra seine Arbeit ausführen kann. So verändern wir unsere Energie.

Wenn wir uns einreden, wir seien nichts wert oder uns auf andere Weise herabsetzen, verneigen wir uns nicht vor unserer natürlichen Würde und Größe. Wir enthalten uns unser natürliches Ich vor, das glücklich, fröhlich und abenteuerlich ist. Wir verschließen das Stirnchakra und hindern es daran, unseren Geist auf das Gute in und um uns aufmerksam zu machen. Es ist zu einfach, dann über einen Mangel an Selbstwertgefühl zu klagen oder dass wir uns gegenüber anderen nicht gut genug fühlen. Höchstwahrscheinlich wurde uns diese Negativität von Eltern, Geschwistern oder Gesellschaft beigebracht. Selbstliebe und Offenheit sind dann schwierig. Wenn wir uns selbst lieben, haben wir auch das Mitgefühl einer liebenden Mutter und den gesunden Verstand eines guten Lehrers. Wir behandeln uns selbst liebevoll, freundlich und respektvoll. Wir bleiben in Stille und zwingen uns nicht, mehr Schritte zu unternehmen als in dem Moment angemessen und gesund ist. Härte gegenüber uns selbst kennen wir zur Genüge. Der erste Schritt in Richtung Heilung des Stirnchakras ist eine Verfeinerung unserer positiven und reifen Haltung gegenüber uns selbst. Damit können wir unsere Energie erneuern, wenn wir müde sind, eine Lösung abwägen und uns in schwierigen Zeiten freundlich begegnen.

Ein geringes Selbstwertgefühl zeigt sich darin, wie Menschen sich mit unrealistischen Erwartungen kontinuierlich zwingen, bestimmte Ziele zu erreichen. Wenn wir unseren hohen Erwartungen nicht entspre-

chen, entwickeln wir uns zu einem erbarmungslosen und lieblosen Richter.

Diese Haltung ist ein Produkt des Geistes, das verändert werden kann, indem wir uns von der Vergangenheit lösen und uns im Bereich der Selbstakzeptanz neue, liebevolle Normen suchen, die uns unterstützen. Alte Muster können neu definiert werden, wenn wir uns selbst lieben und ehren. Mit neuen Betrachtungsweisen entwickeln wir Geduld, Humor und Mitgefühl. Wir finden Hoffnung und Vertrauen zum Leben, auch wenn Dinge anders laufen, als wir es uns vorgestellt haben. Ändern wir diese negativen Muster nicht, geben wir unsere Macht in die Hände genau der Menschen, die für diese Muster verantwortlich sind. Wir bleiben immer kleine Kinder, die kein eigenes

---

AFFIRMATIONEN FÜR DAS STIRNCHAKRA

Wiederholen Sie diese Affirmationen jeden Morgen und Abend, wenn Sie das Stirnchakra betreten möchten.

ICH DENKE DAS BESTE
ÜBER MICH SELBST, IMMER UND IN ALLEN SITUATIONEN.

Ich öffne mich meiner inneren Führung und tiefsten Weisheit.
Ich verbinde mein Bewusstsein mit der Quelle allen Lebens.
Ich glaube an grenzenlose Freude, Heilung und Glück.
Ich vergebe der Vergangenheit und lasse sie los.
Ich öffne mich neuer Energie, neuen Menschen und akzeptiere mein Wissen, dass ich von Gottes Gnade, Licht und Liebe erfüllt bin.
Ich vertraue darauf, dass mein höchster Wert und meine größte Freude sich entfalten werden. Ich bin weise, intuitiv und verbinde mich mit meinem höchsten Wert.
Jede Situation ist eine Chance für Wachstum und Heilung.
Ich lebe im Licht meines höheren Geistes und lasse mein Leben erleuchten.
Ich suche Weisheit und Führung in allen Situationen.
Ich öffne meine Vorstellungskraft, um in Menschen, Dingen und mir selbst das Beste zu sehen.
Ich bin die Quelle von Wahrheit und Liebe in meinem Leben.
Wenn ich mich meiner inneren Weisheit anvertraue, weiß ich, dass alles in meiner Welt gut ist.

Hintergrund folgende Seite
Ein geringer Selbstwert zeigt sich in der Weise, in der wir uns selbst kontinuierlich forcieren. Entsprechen wir den hohen Anforderungen nicht, beurteilen wir uns gnadenlos. Lernen Sie, sich selbst zu akzeptieren.

Leben führen. Unsere Gedanken zu untersuchen macht uns zum Zeugen unseres selbsteinschränkenden Richters, der möglicherweise mit der Stimme unserer Eltern oder Lehrer noch immer zu uns spricht.

Vergrößern wir unsere Selbstliebe durch mehr Selbstverantwortung, bekommen wir mehr Energie und Macht über unser eigenes Leben.

Wenn wir eins werden mit unseren Lebenserfahrungen, werden wir zum Archetyp des weisen Menschen. Wir erkennen die Weisheit, die in Fehlern liegt: Sie lehren uns, wer wir sind. Wir sind uns selbst gegenüber mild, akzeptieren uns und verurteilen unsere Taten nicht. Jeder weitere Schritt lehrt uns, uns selbst zu lieben, zu ehren und wertzuschätzen, was wir sind. Nämlich Liebe, Freiheit und Schönheit.

Wir betreten das Stirnchakra, wenn wir bereit sind, positiv über uns zu denken und zu fühlen. Alles Negative würde das Chakra verschließen, da wir uns mit halben Wahrheiten und Unehrlichkeit beschäftigen. Positives, ganzheitliches Denken ist für dieses Chakra lebenswichtig. Es ist Teil unseres Wachstums und unserer Reife, dass wir über schwierige Menschen und negative Situationen objektiv und klar denken können. Das ist schwierig, wenn wir emotionell in der Klemme sitzen.

Verfeinerte Weisheit und Selbstliebe sind erforderlich, um uns auch in schlechten Zeiten selbst zu lieben und zu ehren. Dazu nehmen wir uns die Zeit, unsere Haltung kritisch unter die Lupe zu nehmen, um unsere innere Wirklichkeit zu vergrößern und uns von schädlichen Ideen zu lösen. Das können wir allein tun, in Therapie oder mit Übungen, die Selbstreflexion fördern.

Es kostet Zeit, um zu lernen uns selbst zu ehren und das Gute im Leben zuzulassen. Die meisten Menschen denken nicht über die Art und Weise nach, in der sie sich selbst missbrauchen bis sie erschöpft und ausgebrannt sind. Wenn unsere Vergangenheit schwierig und lieblos war, wir aus falschen Gründen Beziehungen eingegangen sind oder vom Leben tief enttäuscht sind, kann es schwierig sein, unsere Einstellung

Oben **Der Habicht steht für eine deutliche Vision und die Fähigkeit des Stirnchakras, Illusionen platzen zu lassen. So kommen wir zu höherer Wahrheit.**

zu verändern. Uns fehlt Vertrauen. Die Angst ist übermächtig. Ohne Anerkennung unseres Werts und unserer Entscheidungen bleiben wir in der Vergangenheit stecken. Ohne Vergebung können wir uns nicht lösen und in der Gegenwart zu leben. Wir müssen wissen, dass wir es wert sind, ein gutes Leben zu führen.

Das Stirnchakra und das Unterbewusstsein können mit drei Techniken geöffnet und neuprogrammiert werden: Affirmationen, Meditation und eine Fragenliste, mit der wir uns Klarheit verschaffen, wer wir wirklich sind. Mit den Fragen finden Sie heraus, wie weit Ihr Stirnchakra entwickelt ist.

MEDITATION FÜR DAS STIRNCHAKRA

Setzen Sie sich bequem an einen gemütlichen Ort hin, an dem Sie sich sicher fühlen. Zünden Sie eine Kerze oder Räucherstäbchen an. Entspannen Sie sich und lassen Sie die Augen tief in den Schädel sinken. Die Zunge liegt entspannt im Mund. Lösen Sie die Verspannungen in Kiefer und Kinn, lassen Sie Ihre Schultern hängen und atmen Sie einige Male tief ein und aus. Je mehr Aufmerksamkeit Sie Ihrer Atmung schenken, desto schneller kommen Sie in eine meditative Stimmung, in der Ihr Geist still ist und um Sie herum Frieden herrscht. Beginnen Sie mit der Meditation, wenn Sie soweit sind. Sie ist so zusammengestellt, dass Sie damit die Qualitäten von Weisheit, Wissen, Intuition, Wahrnehmung und Phantasie aktivieren. Sie wird Ihnen helfen, sich auf die Wahrheit Ihrer Erfahrungen zu konzentrieren und eine engere Verbindung zu Ihrer eigenen wahren Natur herzustellen. Stellen Sie sich zwischen den Augenbrauen einen indigoblauen Stern vor. Vergrößern Sie die Form und intensivieren Sie die Farbe.

stellen Sie sich zwischen den AUGENBRAUEN einen INDIGOBLAUEN STERN mit fünf spitzen vor

Nähern Sie sich den fünf Spitzen. Nennen Sie sie Weisheit, Wahrnehmung, Phantasie, Intuition und Wissen. Fühlen Sie, wie der Energiestrom durch jeden Punkt fließt. Die Energie weitet das Chakra und öffnet Ihren Geist für die Entwicklung dieser Qualitäten. Halten Sie bei jeder Qualität inne und stellen Sie sich vor, wie sie sich in Ihrem Leben manifestieren kann. Wie könnte Weisheit Ihnen helfen? Wie würden Sie Ihre Wahrnehmung nutzen, wenn Sie sie entwickeln könnten? Wie würden Sie handeln, wenn Sie Ihrer Intuition folgten? Welches Wissen könnte Ihnen durch schwierige Zeiten helfen? Wie stellen Sie sich das Leben in fünf Jahren vor? Lassen Sie das Licht dieses Sterns groß werden. Es füllt Ihren ganzen Kopf mit sanftem Licht, das in Ihr Inneres vordringt. Das ist das Licht des Bewusstseins, das Ihnen einen friedvollen Geist und inneres Wissen bringt. Es ist das Licht der Wahrheit, das Ihrem tiefsten Verlangen nach Einheit, Liebe und Schönheit Ausdruck verleiht.

Lassen Sie das Licht die dunklen Räume
Ihres Geistes ausfüllen. Schauen Sie, wie das schöne,
tiefblaue Licht sich ausbreitet und Ihre Augen, Ohren, Nase und
Mund füllt sowie Ihr ganzes Gesicht und den Kopf bedeckt. Das Licht füllt
Ihren Kopf und lässt Ärgernis und Frustrationen verblassen. Lassen Sie dieses Licht
in jede Faser des Gehirns strömen und Ihnen ein Gefühl von Harmonie und Wohlbefinden
verleihen. Erlauben Sie sich still zu sitzen und dieses Licht des Bewusstseins einige Minuten
zu untersuchen. Stellen sich Bilder oder Wörter ein? Wenn sie sich wiederholen, können sie eine
wichtige Botschaft für Sie enthalten. Lassen Sie diese inneren Bilder, wo sie sind. Nehmen Sie sie
einfach nur wahr und geben Sie ihnen Raum. Je mehr Sie meditieren, desto einfacher wird es, sich
auf dieses innere Licht zu konzentrieren. Wenn Sie soweit sind, die Meditation zu beenden, stellen
Sie sich ein Kreuz aus Licht in einem Lichtkreis vor. Damit besiegeln und schützen Sie das
Stirnchakra und halten Sie die soeben geöffnete Energie bei sich. Wenn Sie diese
Meditation öfter machen, werden Sie merken, dass Ihr Geist klar und für
Ideen empfänglich wird, die Sie in Ihrer Lebensentwicklung unterstützen
können. Sie werden sich ruhig und wie neugeboren fühlen, wenn Sie
diese Übung täglich einige Minuten ausführen.

EDELSTEINE

SAPHIR

Dieser kostbare Stein besteht aus dem Ur-Blau. Er steht für Treue, klare Gedanken und Entscheidungsfreudigkeit. Er eignet sich zur Weckung und Schärfung des Geistes und wird oft in Eheringen verarbeitet.

LAPISLAZULI

Der Stein der Philosophie enthält die Farben von Wahrheit und Integrität. Er symbolisiert Weisheit und den höheren Geist. Er schafft einen spirituellen Kontext für Lebenserfahrungen.

TANSANIT

Dieser Stein hat einen schönen Blauton und hat weniger Lila als der Saphir. Er ist kostbar und wird nur in einer einzigen Mine in Tansania abgebaut. Er eignet sich zur Heilung und verpflichtet zu Wahrheit, Weisheit und Liebe.

FRAGEN ZUM STIRNCHAKRA

Diese Fragen sollen Ihnen helfen, festzustellen, welche Teile des Stirnchakras Aufmerksamkeit und Konzentration erfordern. Die Fragen werden Ihnen helfen, in den inneren Kontakt mit sich selbst zu treten. Sie berühren tiefe und unerforschte Teile Ihrer Psyche, die das Verlangen entfachen können, sich selbst besser zu verstehen. Ein Blick ins eigene Innere kann Ihnen helfen, bislang unterdrückte oder missverstandene Aspekte Ihrer Persönlichkeit in den Griff zu bekommen. Lassen Sie es zu, dass die Fragen Themen ans Licht bringen, die der Aufmerksamkeit bedürfen. Das gehört zu Wachstum und Heilung. Bitten Sie Ihr höheres Ich, die Wahrheit Ihrer Erfahrung zu enthüllen. Warten Sie die Antwort geduldig ab. Die nachstehenden Fragen bringen Einsicht und Heilung.

Weisheit

- Wie viel Weisheit haben Sie über Ihr Leben?
- Was wissen Sie, das Sie wissen?
- Respektieren Sie die Lebensweisheit Ihrer Freunde und Eltern?
- Was sagt Ihre persönliche Weisheit über Gesundheit, Glück, Beziehungen, Finanzen, Sexualität und Heilung?
- Finden Sie es sicher, Ihre Weisheit anderen mitzuteilen?
- Hören Sie der Weisheit anderer zu?
- Können Sie schwierige Lebenserfahrungen zulassen und daraus Weisheit beziehen?
- Können Sie Ihrer Vergangenheit mit Weisheit vergeben und aus ihr lernen?
- Finden Sie die Weisheit, sich selbst nach einem schweren Tag oder einer schweren Erfahrung zu lieben und zu akzeptieren?

- Können Sie den Menschen vergeben, die Sie verletzt haben?

Wahrnehmung

- Wie sehen Sie, was und wer für Sie das höchste Gut sind?
- Saugen andere Sie aus, weil Sie keine Grenzen stellen können? Oder weil Sie ihnen auf Kosten Ihres Friedens und Glücks einen Gefallen tun möchten?
- Welche Kriterien haben Sie, um festzustellen, ob jemand vertrauenswürdig oder ein potentieller Freund ist?
- Anhand welcher Kriterien unterscheiden Sie zwischen Wahrheit und Lüge?
- Vertrauen Sie Ihren Kapazitäten, um Gut von Böse, Mittelmaß von Ganzheit zu unterscheiden?
- Können Sie „nein" zu für Sie schlechten Dingen sagen? Können Sie unterscheiden, wer auf Ihrer Seite steht und wer Sie ausbeuten und manipulieren möchte?
- Kennen Sie grenzenlose Situationen, in die Sie zu tief hineingeraten und aus denen Sie sich dann zurückziehen müssen? Oder Momente, in denen Sie anderen Ihre tiefsten Gefühle und Gedanken preisgegeben haben?

Links **Wir befragen unsere Intuition, wenn wir die Wahrheit über eine Person oder Situation wissen möchten. Wenn wir der Intuition vertrauen, werden wir von unserem inneren Licht geführt.**

- Können Sie gegenüber Menschen und Situationen, die Ihnen nicht guttun, eine Grenze ziehen, mit der Sie Ihre Gesundheit, Reserven und Ihren Geist vor Missbrauch und Schmerz schützen?
- Wissen Sie was wirklich wertvoll und schön an Ihnen ist? Können Sie das wertschätzen?
- Vertrauen Sie sich selbst, dass Sie wissen, was gut für Sie ist und können Sie gleichzeitig Ihr Wahrnehmungsvermögen weiterentwickeln?

Wissen

- Schätzen Sie Wissen, das Ihrem Leben mehr Befriedigung und Bedeutung verleiht?
- Kennen Sie den Unterschied zwischen Wissen und Information?
- Sind Sie bereit, Zeit in den Wissenserwerb über Dinge im Leben zu investieren, die Ihnen Spaß machen?
- Wie wichtig ist es für Sie, um zu lernen?
- Könnte verfeinertes und qualitatives Wissen Ihr Leben wesentlich verändern?
- Welche Ihrer Lebensbereiche würden Sie gern anhand von mehr Wissen entwickeln?
- Respektieren Sie Ihr Lernvermögen und fördern Sie Ihren Geist mit guten Büchern, Filmen und interessanten Erfahrungen?
- Wissen ist Überleben für Ihre Seele. Wissen Sie, was wichtig ist zu wissen und was Zeitverschwendung ist?

Phantasie

- Geben Sie sich Tagträumen hin. Was wäre, wenn…?
- Können Sie sich vorstellen, wie Ihr Leben in einem Jahr aussieht? In fünf Jahren? In zehn Jahren?
- Was wäre anders, wenn Ihre Träume Wirklichkeit geworden wären?

Rechts **Unser Geist wird mit vielen nutzlosen Informationen überschwemmt. Wichtiges von Unwichtigem zu unterscheiden, sorgt für Harmonie.**

○ Welche Aspekte Ihres Lebens würden Sie gern verbessern? Was wäre dann? Können Sie sich vorstellen, dass Sie mit den Veränderungen glücklich sind, die sich derzeit in Ihrem Leben vollziehen?

○ Können Sie sich vorstellen, geliebt und geschätzt zu werden, in einer Weise, die Ihre Persönlichkeit respektiert?

○ Können Sie sich vorstellen, dass Sie genug Geld haben und tun können, was Sie möchten?

○ Können Sie sich vorstellen, dass Sie so gesund und vital sind, dass Sie Energie für alle Dinge haben, die Sie tun möchten?

○ Können Sie sich eine Form der Dankbarkeit vorstellen, in der Sie eins mit dem Schöpfer sind und genau wissen, wo das Gute in Ihrem Leben herkommt?

Intuition

○ Woher wissen Sie, was Sie wissen?

○ Vertrauen Sie den Zukunftsbildern Ihrer Intuition? Oder was sie über die wahre Art eines Freundes oder einer Situation zu sagen hat?

○ Vertrauen Sie dem, was die Intuition über jemanden oder eine Situation sagt?

○ Sind Sie bereit, dieses Wissenspotential zu nutzen?

○ Nutzen Sie Ihr inneres Wissen, um zu fühlen, was das Beste ist?

○ Wie nutzen Sie Ihre Intuition jetzt? Glauben Sie ihr? Egal, was andere Ihnen einreden möchten?

○ Vertrauen Sie Hellsehern und deren Visionen Ihrer Person? Könnten Sie es ertragen zu wissen, was vor Ihnen liegt?

DIE FARBE DES STIRNCHAKRAS: INDIGO

Das ist die Farbe der universellen Heilung. Sie symbolisiert ein kühles und deutliches Bewusstseinsniveau. Indigo ist die Farbe, mit der gefangene Energie in Teilen des Körpers befreit wird. Sie wirkt gegen Fieber, verdrängte Gefühle und kann bei eiternden Entzündungen Linderung bieten. Sie kühlt ermüdete Nerven und ist ein Gegengift bei Frustration und Wut. Indigo bringt unser Bewusstsein auf ein höheres Niveau und öffnet es für die grenzenlose und umfangreiche Einheit der Dinge. Wenn wir die Farbe Blau visualisieren, bringen wir unsere Vibrationen auf einen höheren Ton. Sie sorgt für luftige Gedankenprozesse und objektive Gefühle. Räume, die in dieser Farbe gestrichen sind, erscheinen größer. Es ist nachgewiesen, dass Menschen sich nach großen Anstrengungen in blauen Räumen schneller entspannen. Indigo kann auch eine kalte Ausstrahlung haben und einen Mangel an menschlicher Wärme verursachen, wenn die Farbe nicht mit Gelb oder Orange harmonisiert wird. Sie kann Gleichgültigkeit und das Gefühl der Nichtverbundenheit verursachen. Sie ist kühl, steril und nicht irdisch, da es die Farbe des Geistes, des höheren Geistes und der Klarheit ist.

DER WEG AUS DER NEGATIVITÄT

○ **Gönnen Sie Ihrem Geist Entspannung, sonst können Sorgen und Besessenheit eintreten.**

○ **Lassen Sie schnelle und oberflächliche Lösungen los.**

○ **Lösen Sie sich von allen und allem, was Ihren Wert, Ihr Freiheitsgefühl oder Schönheit anzweifelt.**

○ **Suchen Sie das Gute in Menschen und Situationen.**

○ **Verabschieden Sie sich für immer von ungesunden Angewohnheiten.**

○ **Vergleichen Sie sich nicht länger mit anderen. Konzentrieren Sie sich auf Ihre Einmaligkeit.**

○ **Suchen Sie in Workshops und Kursen Gleichgesinnte. Das mildert Angst und Einsamkeit.**

○ **Beschäftigen Sie sich mit guten Büchern und Filmen.**

○ **Sehen Sie sich täglich im Spiegel an und fühlen Sie Ihre Selbstliebe.**

○ **Seien Sie so positiv und liebevoll wie es eben geht.**

○ **Sind Sie abgespannt und müde? Unternehmen Sie etwas Positives für sich selbst.**

DAS KRONENCHAKRA
SAHASRARA
Tausendfach

Das Kronenchakra erreicht die höchste Form der Spiritualität. Es verbindet uns mit unserer unvergänglichen, ewigen Göttlichkeit. Hier befindet sich die Quelle der Heilung im menschlichen Energiesystem. Angefangen beim Wurzelchakra, dessen Grundenergie uns im Leben erdet, bis hinauf zum Kronenchakra, dem die feinere Energie innewohnt, führen uns die Chakren Schritt für Schritt zu Liebe, Spiritualität und Heilung. Wie alle anderen Energiezentren im menschlichen Körper, fristet das Kronenchakra eine unbeachtete Existenz, bis es aktiviert wird.

Das Symbol des Kronen- chakras

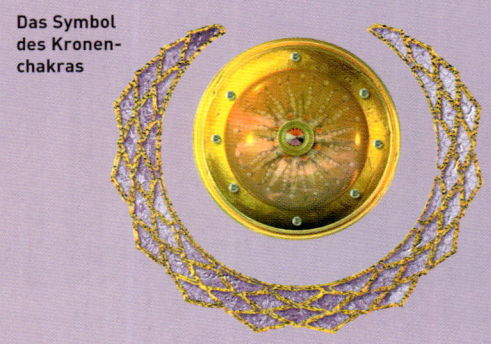

Kronenchakra

QUALITÄTEN UND EIGENSCHAFTEN

Das Kronenchakra öffnet sich, wenn wir seelische Reife und geistige Entwicklung erreicht haben. Das Öffnen fällt in eine Zeit unseres Lebens, in der wir eine Reihe schwieriger persönlicher Entscheidungen treffen und uns wichtigen Herausforderungen stellen müssen. Diese Prüfungen führen zu tieferer spiritueller Einsicht und der Erkenntnis, wozu wir in der Lage sind und was unser höherer Daseinszweck sein könnte. Diese Phase wird häufig als „Midlife-Krise" bezeichnet. Erleuchtung führt oft dazu, dass wir verwerfen, was wir gewesen sind, um das zu werden, was uns bestimmt ist.

Das Kronenchakra ermöglicht es uns, die aktive Präsenz eines höheren Gottes in unserem Leben zu erfahren. Dies ist der Ort, an dem wir entscheiden, ob wir diesem Gott folgen wollen. Und hier befindet sich auch die treibende Kraft der Mystiker und Heiler mit ihrem kosmischen Bewusstsein und all jener, die aktiv ihren spirituellen Weg suchen und verfolgen wollen.

Damit das Kronenchakra sich öffnen kann, ist es nicht nötig, der Welt mit allen ihren materiellen Verführungen zu entsagen. Das Ziel ist vielmehr, überall im Leben das Spirituelle zu entdecken und die Erkenntnis zu erlangen, dass wir auf der Erde sind, damit wir glücklich sind und unsere Sehnsucht nach Liebe, Frieden und Freude erfüllen. Wenn sich das Kronenchakra öffnet, brauchen wir Ruhe, Gelassenheit und Frieden, um über die göttlichen Wunder und Geheimnisse nachdenken zu können. Indem wir das Gleichgewicht zwischen weltlichen Aktivitäten und spirituellem Streben finden, bleiben wir geerdet. Häufig schenken wir unserer Umgebung so unbemerkt Heilung und Verwandlung.

Sitz: Scheitelpunkt des Kopfes
Resonanzalter: 42-49
Form: Rund wie eine Kappe
Zugeordnete Drüse: Zirbeldrüse, die Melatonin und andere Hormone produziert, die Gelassenheit, Schlaf und Lichtempfindlichkeit fördern.
Farbe: Violett
Musiknote: H
Musik: Indische Ragas
Element: Weltall
Einsichten: Spirituelles Verständnis
Sinnliche Erfahrung: Glückseligkeit
Ätherische Öle: Veilchen, Lavendel, Lotusblume, Elemi
Edelsteine: Amethyst, Alexandrit
Element im Sonnensystem: Das Universum
Sternbild: Wassermann
Orte auf der Erde: Indien
Metall: Platin
Pflanze: Lotusblume
Mythologisches Tier: Adler
Eigenschaften: Anmut, Schönheit, Klarheit, Verschmelzung mit allen Dingen
Lebensthemen: Selbstlose Erkenntnis, mit dem größeren Ganzen unauflöslich verbunden zu sein, Erschaffung eines lebendigen und starken spirituellen Geistes, der die Lebenserfahrungen aufnimmt.
Positiver Archetyp: Guru
Körperliche Aktivität: In Bewegung bleiben
Spirituelle Aktivität: Gebet, Meditation, Reflexion
Negativer Archetyp: Egoist
Engelsgegenwart: Christi Licht

ARCHETYPEN

POSITIV: der Guru
Gurus haben erkannt, wer sie sind. Sie wissen, dass die göttliche Macht in ihnen fließt und dass sie die Basis ihres Seins ist, nicht die Vergänglichkeit des Lebens. Sie lassen das Leben durch sich hindurchfließen und vertiefen stets ihr Bewusstsein.

NEGATIV: der Egoist
Egoisten meinen, dass allein ihre Anstrengungen sie durch das Leben bringen. Sie denken, dass sie nicht Teil des höheren Ganzen sind und dass nur ihr eigener Erfolg und ihre Anstrengungen den Verlauf ihres Lebens bestimmen.

DER EINFLUSS DES KRONENCHAKRAS

Links **Die Bischofs-Mitra steht für die göttliche Gegenwart im Kronenchakra. Aus Ehrfurcht vor einer höheren Macht bedecken Juden, Katholiken und Moslems alle dieses empfindliche Energiezentrum.**

chakras geht die Erkenntnis einher, dass die Wirklichkeit ein Ganzes und voller Güte ist. Unser höherer Geist akzeptiert, dass wir von einer machtvollen Quelle geliebt, geführt und beschützt werden und dass unser Dasein einen Zweck hat.

Haben wir erst begonnen, mit dem Kronenchakra zu leben, sind wir dankbar für unser Leben, wie es ist. Ein Bewusstsein ist geschaffen, das unsere Lebenserfahrungen annimmt, und wir akzeptieren unsere Prüfungen und Mühsale, die uns geformt haben. Indem wir erkennen, dass unser Leben nicht anders hätte verlaufen können, sind wir in der Lage, uns so zu mögen, wie wir sind. Wir öffnen uns der Erkenntnis, dass wir göttlicher Natur sind und nichts unserem Geist Grenzen setzen kann. Diese Transformation unterstützt uns in dem Streben nach einem besseren Leben und verschafft uns die innere Stärke, den richtigen Weg zu gehen. Auf welche Art wir das Göttliche auch

Körperlicher und emotionaler Schmerz werden durch das Kronenchakra gemildert und Endorphine freigesetzt, die uns frohe Erfahrungen bescheren. Diese Hormonproduktion kann durch Meditation und Yogaübungen angeregt werden, aber auch durch eine positive Einstellung zu Schönheit und dem Leben. Die Öffnung des Kronenchakras verändert unsere Einstellung und verhilft uns zu einer positiveren Betrachtung unseres Lebens. Es hilft uns, Herausforderungen und Probleme in den richtigen spirituellen Kontext zu setzen. Wir erleben Gefühle der Dankbarkeit und Akzeptanz. Unser Geist wird nicht länger von unserem differenzierenden, urteilenden Ego beherrscht. Stattdessen entwickeln wir Mitgefühl und die Erkenntnis, eins zu sein mit dem Leben: Wir können uns annehmen, wie wir sind.

Die Heilung setzt ein, wenn wir einen liebevollen, umfassenden und großzügigen Geist haben. Mit der Öffnung des Kronen-

DAS KRONENCHAKRA UND DIE ZIRBELDRÜSE

Die Drüse befindet sich oben in unserem Kopf. Sie ähnelt den Stäbchen und Zapfen des Auges und scheint lichtempfindlich. Sie steuert Schlafverhalten, Menstruations- und andere Körperzyklen. Die Drüse steht für ein höheres Bewusstsein und ist der Bereich für das Göttliche.

Wir aktivieren sie durch Mediation, Yoga und Fragen zur Selbstfindung. Sie ist unsere Verbindung zur kosmischen Energie, die über dieses Chakra in unseren Körper eintritt und die Drüse anregt. Einige östliche Praktiken konzentrieren sich auf die Zirbeldrüse, die den Geist für die Erleuchtung öffnet und das Gespür, eins zu sein mit allem.

Zirbeldrüse

erfahren, wir akzeptieren, dass unser Leben
nicht allein in unserer Hand liegt. Wenn wir
unsere Ängste und Bürden einer höheren
Macht übergeben, lernen wir mit Schmerz,
Verlust oder Trennung besser und gelassener
umzugehen. Können wir akzeptieren, dass
unser Leben göttlich geleitet ist, leben wir
auf, werden gesünder und belastbarer. Wir
öffnen uns den Möglichkeiten, so zu leben,
wie wir es uns wünschen.

Je mehr wir uns bewusst sind, dass es
eine höhere Macht gibt, umso freier werden
wir, unser Leben in Freude, Harmonie und
Gelassenheit zu führen. Wenn wir unseren
Geist ehren, sind wir dankbar für die Person,
die wir sind. Wir erkennen, dass wir niemals
allein sind und zu allen Zeiten geleitet,
geliebt und beschützt werden.

Oben **Der Häuptlings-
kopfschmuck der ameri-
kanischen Indianer zeigt
den Stand der Erleuch-
tung in Bezug auf das
Kronenchakra. Ein Krie-
ger auf der Suche nach
Weisheit trägt nur eine
einzige Feder.**

Links **Sadhus begeben
sich völlig in die Gnade
Gottes. Sie lehnen Mate-
rielles ab und vertrauen
darauf, dass Gott sie mit
dem versorgt, was sie
zum Überleben benöti-
gen. Wer ihnen zu essen
gibt, dem bieten sie
Segen und Heilung an.**

DAS KRONENCHAKRA BETRETEN

Es gibt verschiedene Arten, die spirituelle und geistige Kraft, die dem Kronenchakra innewohnt, ansteigen zu lassen. Man kann bewusst das Alleinsein suchen oder sich in Reflexion vertiefen, Schweigen ist ein Weg, auch längeres Fasten und im Gebet verbrachte Nächte sowie einsame, visionäre Wanderungen in der Natur. Mit diesen Techniken wird seit alters her die innere Verbindung zum Göttlichen gefestigt. Am Ende dieser Suche steht das Streben nach einem höher entwickelten Bewusstsein, in dem es keine körperlichen Bedürfnisse oder emotionalen Sehnsüchte mehr gibt. Die Energie des Kronenchakras ist eine so edle Nahrung für die Seele, dass sie förmlich danach drängt, sich auf die höchsten kosmischen Schwin-

AFFIRMATIONEN FÜR DAS KRONENCHAKRA

Wiederholen Sie diese Affirmation während einer Erleuchtungsphase jeden Morgen und Abend ein Mal:

GOTT IST ZU ALLEN ZEITEN IN MIR,
ÜBER MIR, UNTER MIR UND UM MICH HERUM.

Gott ist zu allen Zeiten in mir, über mir, unter mir und um mich herum.
Ich suche nach der höchsten Wahrheit und Heilung.
Ich ehre und beschütze meinen göttlichen Geist.
Ich weiß, dass alles gut ist, auch wenn es nicht immer so scheint.
Ich sehe in mich, dort bin ich sicher, geliebt und beschützt. Ich glaube,
dass mein höchstes Gut und meine höchste Freude sich jetzt entfalten.
Ich danke für die guten Dinge und Menschen in meinem Leben. Ich
akzeptiere mich und ehre meinen Geist.
Ich schätze die Schönheit der Erde, die ich ehre und beschütze,
so gut ich es vermag.
Ich weiß, dass meine höhere Bestimmung jetzt erfüllt ist.
Ich vertraue auf Gott, dass er mich immer leitet.
Güte und Freude sind stets bei mir.
Ich bin dankbar für das Bewusstsein für die wichtigen Lebensfragen.
Ich ehre alle Menschen, alle Religionen und alle spirituellen Pfade.
Alle führen zu Gott.
Danke für mein Leben, für mich und was du mich hast werden lassen.

gungen einzustimmen. Die Praktiken zur spirituellen Reinigung brauchen Privatsphäre, ohne Angst, gestört oder manipuliert zu werden. Früher boten Klöster, Konvente und andere heilige Zufluchtsorte ideale Voraussetzungen für eine solche Einkehr. Wenn Menschen heute eine höhere, spirituelle Wahrnehmung anstreben, ist es wichtig, dass sie einen Schutz um sich herum aufbauen, um die empfindliche und kostbare Energie zu erhalten. Sie braucht grundlegende Erdungstechniken, um stabil zu bleiben.

WIE MAN DEN PROZESS UNTERSTÜTZEN KANN

Bleiben Sie im eigenen Körper geerdet. Das hilft, das Kronenchakra zu stabilisieren. Vollwertige Ernährung, chlorfreies Wasser, viele Ruhephasen und Sport sind Mittel, standfest zu bleiben, während das Chakra sich entfaltet. Tägliches Beten, Meditieren, Reflexion, Yoga oder Tai-Chi helfen, geerdet zu bleiben. Äußerst wichtig ist es, ohne zu wanken alle Änderungen durchzustehen, wenn die spiritu-

Oben **Das Mandala repräsentiert das Selbst. Man findet es häufig in Kirchen und Tempeln, wo es die unwiderstehlich schöne Natur unseres Inneren darstellt. Auch ist es eine Meditationshilfe. Mit seiner Hilfe kann man in das innere Reich von Frieden und Sein gelangen.**

elle Energie sich beginnt zu festigen. Versuchen Sie niemals, das Chakra zur Öffnung zu zwingen, denn wie die Lotusblume erblüht es, wenn man bereit ist, es zu akzeptieren.

BESEELENDER ZUSTAND DER HEILIGKEIT

Die Kraft des Kronenchakras entfaltet seinen höchsten Stand in einem Bewusstseinszustand, der Samadhi genannt wird. Der Name bezieht sich auf die Vereinigung mit dem Göttlichen, wenn das individuelle Ich in der universellen Kraft aufgeht, vergleichbar mit einem Fluss, dessen Wasser im Ozean mündet. Samadhi (Erleuchtung) bezeichnet den Zustand der Gnade, in dem ein Mensch die Einheit mit allem Leben erfährt. Es

ist dies das höchste menschliche Bewusstsein, weil man direkt mit der Quelle verbunden ist und eins wird mit allem. Auf dieser Ebene gibt es keine Trennung mehr zwischen der eigenen Person und allem anderen, weil alles als das eigene Selbst empfunden wird. Diese Erkenntnis führt zu der Frage, ob der Mensch sich mit diesem ewig Bestand habenden Ursprung des Bewusstseins oder mit der wechselhaften Natur des Lebens identifizieren möchte. Erleuchtete Menschen erkennen, dass ihr Geist ewig ist, ohne Fehler und immer friedlich. Dem Leben zu erlauben, sich ohne Bindung und Trennung zu entfalten, zeigt, dass Samadhi erreicht ist.

Oben und links **In Klöstern und Aschrams findet man den nötigen Frieden und die Schlichtheit, um sich auf sein Inneres zu besinnen. Hier entfliehen Spirituelle den weltlichen Verführungen und richten Aufmerksamkeit und Konzentration auf göttliche Dinge.**

MEDITATION FÜR DAS KRONENCHAKRA

Stellen Sie sich eine violette, runde Kappe auf Ihrem Kopf vor.
Vergrößern Sie sie und intensivieren Sie den Farbton. Fühlen Sie, wie heilsam
Violett ist, es umgibt Sie wie ein schützender Mantel, der Schmerz, Unbehagen
und Leid von Ihnen abhält. Wenn Sie die Energie der Farbe fühlen, nehmen Sie einen
tiefen Atemzug, um die heilenden Eigenschaften aufzunehmen. Achten Sie auf Ihre
Atmung. Holen Sie mit dem Einatmen die Freude hinein, die Ihnen zusteht. Lassen Sie
beim Ausatmen alles aus sich heraus, das alt, müde und fad in Ihrem Leben ist. Wiederholen
Sie dies einige Minuten. Denken Sie an alle wundervollen Dinge, die Sie umgeben: Sterne
bei Nacht, der Mond in seiner Schönheit, die Sonne in ihrer Herrlichkeit. Erkennen Sie die
Heilkraft des Regens. Fühlen Sie die Luft um sich herum, sehen Sie die Gesichter der
geliebten Menschen. Bleiben Sie darauf konzentriert, diese Freuden in Ihr Leben zu
lassen und alle negativen Einflüsse auszuschalten. Nehmen Sie sich Zeit, für Ihr
Leben zu danken, während Ihr höheres Zentrum sich öffnet.

stellen sie sich eine VIOLETTE KAPPE auf ihrem KOPF vor

Auch wenn Ihr Leben gerade nicht wunschgemäß
verläuft, nehmen Sie sich die Zeit, dafür zu danken, dass es
Sie gibt. Atmen Sie ein paar Mal tief ein und aus und wenden Sie
sich noch stärker Ihrem Inneren zu. Lassen Sie die Geschehnisse und
Erfahrungen, aber auch die Gefühle des Tages, ziehen. Das reine
Bewusstsein ist erfüllt mit dem Sein, mit Leichtigkeit, Ruhe und
Hingabe an den Moment. Sie brauchen nichts zu tun. In diesem
Raum gibt es nur Licht, Liebe, Freude und die Erkenntnis, dass
Sie eins sind mit allem Leben. Wenn Sie bei sich selbst
sind, dann sind Sie frei, intelligent, schön, die
Quelle Ihrer Lebenskraft. Wenn Sie

Ihr Selbst erreichen, gibt es nur noch Sein, kein Tun. Lassen

Sie sich annehmen vom Licht der Liebe, der Heilung und dem Frieden,

gehen Sie noch tiefer in sich hinein. Spüren Sie, wie Ihr körperliches Empfinden

schwächer wird. Merken Sie, wie Ihre Gedanken flüchtig werden. Achten Sie bewusst

auf Ihre Atmung, Ihren Herzschlag und die Ruhe in Ihnen. Sie betrachten Ihr Leben, das

sich mit jedem Moment mehr in die Ewigkeit ergießt, von außen. Bleiben Sie mit Ihrer Atmung

darauf konzentriert, Freude in Ihr Leben zu lassen. Wenn Sie voll positiver Energie sind,

verwenden Sie einen Moment darauf, das Kronenchakra zu schließen. Stellen Sie sich ein

Lichtkreuz vor, das von einem Lichtkranz eingefasst ist. Das Symbol wird Ihr Kronenchakra bis

zur nächsten Meditation schützen. Lassen Sie sich anschließend von dem Gefühl von Frieden

und Losgelöstheit durch den Tag tragen. Suchen Sie Schönheit in allen Dingen, auch in

schwierigen Situationen. Sie werden sie erkennen. Denken Sie daran: Freude und

Güte gehören zu Ihnen – jetzt und für immer.

EDELSTEINE

AMETHYST

*Der Amethyst ist dem Kronenchakra
zugeordnet. Er sorgt für spirituelle Klarheit
und Liebe zum höheren Geist. In der Heilung
dient er dazu, Schmerzen zu lindern.*

ALEXANDRIT

*Dieser Stein ist selten und mit wertvoller,
elektrischer Energie aufgeladen. Talente wie
Hellsehen oder Hellhören fördert er und
öffnet den Geist für die höheren Zentren des
Bewusstseins.*

FRAGEN ZUM KRONENCHAKRA

Das Kronenchakra steht für Spiritualität, Schönheit und Glückseligkeit. Lesen Sie die Fragen und finden Sie heraus, wie Sie den Zugang zu dieser machtvollsten Energiequelle finden können. Fragen Sie sich dabei, was Sie – außer Ihrem eigenen Bewusstsein – benötigen, um ein spiritueller Mensch zu werden. Vielleicht stellen Sie feste Rituale in Frage, die Ihrer Persönlichkeit Grenzen setzen, in Ihnen Schuldgefühle verursachen und Ihren eigenen Sinn für die Göttlichkeit stören. Für spirituelle Menschen ist es unverzichtbar, sich ganz zu öffnen und ihr wahres Ich zu zeigen. Sie sollten Ihr Selbst kennenlernen, damit Sie es lieben und in allen Dingen vertrauen können, die flüchtig und unbeständig sind.

Das Selbst fordert von Ihnen, Ihre eingeschränkte Sichtweise auf sich selbst zu einer höheren Bewusstseinsdimension auszuweiten, bis dort, wo Sie mit dem göttlichen Bewusstsein verschmelzen. Ihr Selbst zu entwickeln heißt, die Illusion der Beschränkungen und die negativen Projektionen, die andere auf Sie übertragen, hinter sich zu lassen und sich anzunehmen. Wenn Sie erkennen, dass Gott in Ihnen wohnt, bleibt Ihnen nur noch eins: das Leben zu feiern und zu ehren, was gut, liebenswert, vertrauenswürdig, aufrichtig und schön ist. Wenn Sie sich dem Selbst hingeben, wird es Sie stützen, führen und Ihnen die Türen öffnen, damit Sie Ihren höheren Daseinszweck erfüllen können. Haben Sie erkannt, dass Sie das Selbst sind und ist Ihre Verbindung dahin stark, wird Ihr Leben voll Freude und Leichtigkeit sein.

Spiritualität

○ Setzen Sie die schwierigen und fordernden Erfahrungen in Ihrem Leben in einen Kontext?

○ Können Sie sich der Liebe, Führung und Schutz einer größeren Macht öffnen?

○ Fühlen Sie sich der ultimativen Wahrheit verbunden?

○ Welches sind Ihre höchsten Erkenntnisse über sich, das Leben, den Tod und Veränderungen?

○ Schaffen Sie es, negative Gedanken, die Ihren Sinn für das Einssein einschränken, zu verändern?

○ Glauben Sie, Religion, Kirche, ein Guru, Hellseher oder Heiler geben Ihnen die Antworten auf das Leben?

○ Haben Sie das Gefühl, etwas leisten zu müssen, um von der Quelle geliebt und akzeptiert zu werden?

○ Wie stellen Sie Verbindung her mit dem, was bereits Teil von Ihnen ist?

○ Helfen Rituale, Gesänge, Meditation oder Fasten Ihnen, die Quelle besser zu kennen?

○ Glauben Sie, dass Sie geliebt, geheilt und geschätzt werden, wenn Sie einfach sich selbst sind?

Schönheit

○ Bereichert Schönheit Ihr Leben?

○ Lassen Sie Ihre eigene Schönheit zu?

○ Sehen Sie Schönheit in anderen?

○ Erkennen Sie innere Schönheit in behinderten oder kranken Menschen?

○ Sorgen Sie dafür, dass Ihre Umgebung schön ist?

○ Was ist Ihr schönstes Naturerlebnis?

○ Haben Sie erkannt, dass Schönheit zu den Wundern des Lebens gehört?

Glück

○ Können Sie Glück auch ohne Anlass empfinden?

- Müssen Sie erst alle Ihre Probleme lösen, bevor Sie glücklich sein können?
- Müssen andere sich ändern, damit Sie Glück verspüren können?
- Müssen Sie etwas empfangen, um Glück zu fühlen?
- Geben Sie sich die Zeit, innezuhalten und Glück zu verspüren?
- Können Sie auf alle äußerlichen Umstände verzichten, die Ihnen Glücksgefühle vermitteln?
- Was ist nötig, damit Sie Glücksgefühle als Teil von sich zulassen?
- Sind Sie bereit, alle negativen Dinge in Ihrem Leben aufzugeben, um einen Glückszustand zu erlangen?

Seite links **Tanz ist eine Verbindung zum höheren, göttlichen Reich. Der Legende nach hat Shiva tanzend die Erde erschaffen. Immer, wenn wir Freude in uns selbst fühlen, wird unser Band mit Gott stärker.**

Unten **Spiritualität erfordert auch, offen zu sein für sein wahres Ich. Meditieren kann Sie mit Ihrem inneren Selbst verbinden.**

DIE FARBE DES KRONENCHAKRAS: VIOLETT

Violett steht für das kosmische Bewusstsein. Es wirkt antiseptisch, kann Schmerzen lindern und Spannungen im Körper lösen. Es schirmt Negativität ab und schützt die, die auf der Suche nach Spiritualität sind. Wer ein schwaches Ego hat, könnte durch die Anwendung verwirrt oder desorientiert werden. Am besten gleicht man Violett mit seiner Komplementärfarbe Gelb aus, das für ein starkes Selbstbewusstsein steht. Violett eignet sich sehr für ältere Menschen: Es schwingt mit ihrem Lebensabschnitt mit und wirkt nicht stimulierend. Mit Violett kann man Menschen helfen, die an Epilepsie oder Alkoholismus litten, da die Farbe das Kronenchakra belebt.

DER WEG AUS DER NEGATIVITÄT

- **Öffnen Sie sich der Macht, die größer ist als Ihr eingeschränktes, tägliches Selbst. Es gibt ein höheres Selbst, das Sie leitet und Ihnen Liebe und Schutz geben kann. Horchen Sie in sich hinein, um zu entdecken, wer Sie sind. Das Selbst ist grenzenlos.**
- **Versuchen Sie, sich mit nichts zu identifizieren, was Namen und Gestalt hat. Das sind Begrenzungen und nicht das, was Sie sind.**
- **Lesen Sie Schriften und Bücher, die Sie spirituell erheben.**
- **Vermeiden Sie den Umgang mit Menschen, die Frieden ablehnen.**
- **Erforschen Sie Ihre wahren Ansichten über das Leben. Nehmen Sie nicht einfach nur hin, was man Sie gelehrt hat.**
- **Richten Sie Ihre Aufmerksamkeit jeden Tag kurz auf Ihr Innerstes, um sich mit Ihrem ewigen und unumstößlichen Selbst zu verbinden. Wenn Sie es zulassen, wird es Sie durch Ihr Leben leiten.**

CHAKRA-
heilung

Lernen Sie, die Chakren zu heilen, so kommen

Ausgeglichenheit und Freude zu Ihnen. Haben

Sie erst Verantwortung für Ihre Energie

übernommen, können Sie Licht, Gedanken

und Energien anwenden, um Gesundheit auf

allen Ebenen herbeizuführen.

EINFÜHRUNG IN DIE

In diesem Kapitel werden Heilmethoden vorgestellt, mit denen Sie Ihre Chakren heilen und ins Gleichgewicht bringen können. Mit welchen möchten Sie sich stärker befassen? Für die Chakra-Arbeit gibt es eine Vielzahl an wirkungsvollen Heilungsmethoden. Diejenige, die Sie am meisten anspricht, könnte die mit den besten Ergebnissen für Sie sein. Lesen Sie die verschiedenen Methoden sorgfältig durch und wägen Sie ab, welche Behandlung Ihnen guttun würde. Und dann lassen Sie sie wirken.

Anfangs gibt es vielleicht keine großen Veränderungen. Sie stellen nicht fest, dass es Ihnen sofort besser geht. Im Reich der feinstofflichen Energie sagt Ihnen jedoch Ihre Erfahrung, ob eine Heilung eingesetzt hat. Vielleicht fühlen Sie sich wohler und erfahren mehr Freude. Ihre Anschauung über andere, sich selbst und Erlebnisse kann sich ins Positive verschieben und Sie sind fröhlicher. Sie fühlen sich wohl in Ihrer Haut. Auf so feine Art wirkt die Chakra-Heilung. Sie verlangt von Ihnen, sich und Ihren Zustand wahrzunehmen. Die Heilung nimmt ihren Verlauf von innen nach außen und von oben nach unten. Häufig stellt man zuerst eine innere Veränderung fest, dann erst eine äußere. Wenn die Heilung den Körper entlang zu den Beinen und Füßen wandert, dann folgt sie dem Gesetz der Heilung. Dies legt seit Urzeiten fest, auf welche Weise körperliche Symptome den Körper verlassen.

Rechts **Der Geysir ist das perfekte Bild dafür, wie bei der Heilung durch Energie aufbricht, was blockiert und unterdrückt war. Durch Energieheilung sind wir mehr wir selbst. Dies ist eine der großartigen Wiederentdeckungen unserer Zeit: Dass Energie zur Heilung und zur Ausgeglichenheit unseres fragmentarischen Lebens genutzt werden kann.**

CHAKRA-HEILUNG

Während der Heilung ist es wichtig, auf seinen Energiehaushalt zu achten. Bisweilen fühlt man sich erschöpft. In dieser Zeit verlässt alte, träge Energie den Körper. Früh zu Bett gehen und hier und da ein Schläfchen über Tage helfen dem Körper dabei, zu regenerieren. Es kommt vor, dass Gefühle in einem hochsteigen, man möchte ordentlich weinen oder seine Wut und seinen Zorn herauslassen. Alles, was bisher unterdrückt wurde, findet seinen Weg ins Bewusstsein. Wenn Sie Ihre wahren Gefühle zulassen, unterstützen Sie die Heilung. Verstopfte Energien werden aus den Chakren entfernt und machen Platz für Ihr höchstes Gut.

Während der Heilung sind unsere Träume und wofür sie in unserem Leben stehen, sehr wichtig. In Träumen stecken psychologische Zusammenhänge, die unser Energiesystem erschließen können. In dieser Zeit ist es hilfreich, ein Tagebuch zu führen, um die Träume und entscheidende Einsichten aufzuschreiben. Möglicherweise entdecken Sie eine Folge von Botschaften, wenn Sie auf Ihre Träume und deren Offenbarungen achten.

Damit der Körper alte Wunden heilen und sein Gleichgewicht wiederherstellen kann, muss er Toxine abgeben. Dies kann über Durchfall, Fieber, Erkältung, Halsschmerzen oder grippeähnliche Symptome geschehen. Erlauben Sie Ihrem Körper, die Gifte loszuwerden, ohne allzu viel Medikamente einzusetzen. Verwenden Sie homöopathische Mittel, Kräuter oder auch Akupunktur, um Ihnen über die Erkrankungen hinweg zu helfen. Diese sind energetische Heilmittel, die Ihren Körper ausbalancieren, ohne zu stark in die Entgiftung einzugreifen.

Auf emotionaler Basis sind Sie vielleicht einige Tage lang gereizt, niedergeschlagen oder verärgert. Wenn Sie diese Gefühle bisher nicht zugelassen haben, tun Sie es jetzt und lassen Sie sie das Barometer für Ihren emotionalen Zustand sein. Diese Gefühle können häufig zu tiefen Einsichten und zur Heilung führen, wenn Sie ihnen Raum gewähren. Die Reizbarkeit ist ein Zeichen dafür, dass in Ihnen etwas geschieht, das das Gleichgewicht wiederherstellt. Je mehr Symptome auf dem Körper auftreten, umso intensiver verläuft der Entgiftungsprozess. Unternehmen Sie nichts gegen Ausschläge, Pickel oder andere Hautirritationen. Sollten sie nicht innerhalb einiger Tage verschwinden, fragen Sie einen Heilkundigen. Häufig sind sie ein Zeichen dafür, dass Toxine aus den tiefliegenden Organen abgebaut werden.

Die Heilungsmethoden unterscheiden sich in ihrer Wirkungskraft. Einige müssen über einen gewissen Zeitraum wiederholt werden, andere bringen sofortige positive Ergebnisse. Eine Therapie konsequent durchzuführen, wird Ihnen zugute kommen. Eine Methode hingegen zu früh abzubrechen, vermindert ihre Wirkung erheblich.

Während der energetischen Heilung kommt es möglicherweise zu Stimmungsschwankungen, aber auch zu veränderten Zyklen, was Schlaf, Menstruation und Appetit angeht. Geben Sie den Zyklen Zeit, sich einzupendeln. Bevor der Körper sich selbst regulieren kann, werden die Zyklen manchmal durchbrochen. Seien Sie geduldig und geben Sie Ihrem Körper Zeit, sich darauf einzustellen. Wenn Sie aber merken, dass nach einer Behandlung etwas nicht stimmt, teilen Sie das umgehend Ihrem Arzt oder einem Heilkundigen mit. Suchen Sie sich einen Heilkundigen und seien Sie sich dessen bewusst, dass Sie sich auf ihn verlassen können müssen, wenn Veränderungen einsetzen. Sie brauchen die Gewissheit, bei der Heilung Unterstützung zu haben. Ihre Situation mit jemanden besprechen können, der Sie behandelt, ist Bestandteil aller guten, ganzheitlichen Heilungsmethoden.

FARBTHERAPIE

Die traditionelle Farbtherapie gibt es seit Tausenden von Jahren. Sie wurde bereits im alten Ägypten angewandt und noch heute in Indien. Da es für jedes Chakra eine Farbe, einen Klang und einen Edelstein gibt, werden diese oft miteinander kombiniert, um das menschliche Energiesystem wieder ins Gleichgewicht zu bringen. Die Grundidee ist, die Farbe und das betreffende Chakra zusammenzubringen.

Es gibt mehrere Arten, die Farbe in das Energiefeld einzubringen. Einige Heiler wickeln die Menschen in bunte Seidenschals oder sie empfehlen, die Farbe an dem Körperteil zu tragen, der der Position des gestörten Chakras entspricht. Das Chakra kann durch die heilende Farbe verändert werden. Es gibt Heilkundige, die die Farbe von ihrem Stirnchakra in das Aurafeld des Patienten übertragen. Die Technik beruht auf Imagination und Absicht und ist sehr wirkungsvoll. Ersatzweise kann man den entsprechenden Edelstein über das Chakra halten oder dort hinlegen, um negative Energien freizulassen.

Seite rechts **Bereits die alten Ägypter setzten die Farbheilung ein. Sie liebten die Sonne und verehrten ihr Licht. Sie wussten, dass Licht und Farbe dem Geist Frieden bringen, Gefühle ausbalancieren und körperliche Schmerzen lindern konnten. Heute gibt es neue Methoden, Farben bei der Behandlung schwererer Unausgeglichenheiten einzusetzen.**

Unten **In Indien wird ein farbiger Schal über einen Topf mit Honig gelegt – so absorbiert der Honig die Farbe.**

Das Aufsetzen einer Rasterbrille in der Farbe des Chakras ist eine andere Art der Zusammenführung. Die Augen nehmen die Farbe auf und leiten sie an das entsprechende Chakra weiter. Dies sollte täglich zehn bis fünfzehn Minuten durchgeführt werden, dann ist die Wirkung sehr stark.

In Indien kennt man zwei erfolgreiche Methoden der feinstofflichen Energiefeld-Heilung. Bei der einen bedeckt man einen Krug Quellwasser mit der entsprechend gefärbten Seide. Dann stellt man den Krug in die Sonne, damit die Farbe vom Wasser aufgenommen wird. Der Patient trinkt jeden Tag zur dem Chakra zugeordneten Tageszeit: Für das Sakralchakra würde orangefarbene Seide auf den Krug gelegt, die Trinkzeit wäre zwischen 10 und 11 Uhr am Vormittag.

Eine andere indische Methode ist es, ein Glas Honig einige Stunden lang in die Sonne zu stellen, darüber die Farbe des zu heilenden Chakras. Der Honig nimmt die Farbe auf und konserviert sie. Ein Teelöffel voll Honig am Tag unterstützt die Heilung des Chakras.

Moderne Farbtherapeuten wenden eine Vielzahl von Methoden an. Eine ist, den Edelstein zu tragen, sich entsprechend zu ernähren, mit Sonnenenergie angereichertes Wasser zu trinken und unter Strahlern der Chakra-Farbe zu sitzen oder zu stehen - großartige, nicht invasive Behandlungen, die auf sanfte Art wirken. Sie eignen sich hervorragend für geschwächte Menschen, die dadurch ohne Medikamenteneinsatz ihre Lebensfreude und ihren seelischen Frieden wiedererlangen können. Wenn der negative Zustand allerdings anhält, ist es wichtig, einen Arzt aufzusuchen.

HOMÖOPATHIE

Das oberste Prinzip der Homöopathie lautet „Ähnliches soll durch Ähnliches geheilt werden" und beruht auf der Forschung des Deutschen Samuel Hahnemann aus dem frühen 18. Jahrhundert. Hahnemann entdeckte, dass die Substanz, die Symptome auslöst, in verdünnter Gabe diese Symptome heilt.

Seitdem hat die Homöopathie eine breitgefächerte Materia medica entwickelt, die auf giftigen und ungiftigen Substanzen aus der Natur basiert, die stark verdünnt eingesetzt werden, um jede Toxizität zu verhindern. Dem Patienten wird die Grundenergie der Substanz verabreicht, um die natürlichen Heilkräfte des Körpers zu stimulieren.

Kürzlich wurde die Farbtherapie in die homöopathische Arzneimittelliste aufgenommen. Wasser wird mit Farbgels oder über Spiegeltechniken mit Licht angereichert und zu Heilmitteln verarbeitet. Farben werden in der Homöopathie außerdem in Heilmitteln eingesetzt, die in das Farbspektrum passen. Da das auf alle Substanzen zutrifft, werden sie in Farbkategorien eingeteilt. So ist zum Beispiel Eisen rot und besitzt dieselben Schwingungen wie die Farbe. Schwefel ist gelb, Mangan violett. Beide weisen Schwingungen auf, auf die die Chakren reagieren.

Schwefel ist eine breit wirkende Substanz für das Nabelchakra und wird bei überaktiven Egos eingesetzt, wo es ausgleichend wirkt. Kieselerde gleicht Defizite im Nabelchakra aus, wie mangelndes Selbstvertrauen, Verstopfung und allergische Reaktionen.

Heute gibt es Heilmittel, die aus Edelsteinen gewonnen werden und über die Schwingungen eines Chakras und einer Farbe verfügen. Smaragd, Rubin, Aquamarin und Topas sind zum Beispiel in Verdünnungen erhältlich, um Zustände zu behandeln, die in den entsprechenden Chakren entstanden sind.

Rechts **Akupunktur als energetische Medizin regt direkt die Energiezentren an, um Energieflüsse im Körper zu bewegen.**

Oben **Samuel Hahnemann erdachte das Prinzip „Ähnliches heilt Ähnliches." Seine Grundlagen der Homöopathie haben sich in 250 Jahren nicht verändert.**

Rechts **Typisch sind Pipettenflaschen, mit denen sich die winzigen Mengen abmessen lassen.**

AKUPUNKTUR

Die uralte chinesische Akupunktur arbeitet nicht mit Chakren, sondern mit Energiebahnen und „Meridian-Punkten", die verschiedenen Organfunktionen zugeordnet sind. Die Meridiane sind aufgrund dieser Organzuordnung mit den Chakren verbunden.

In Deutschland wurde eine „Color-Punktur" entwickelt, bei der Nadeln in mit Sonnenenergie angereichertes, farbiges Wasser getaucht werden und auf bestimmte Punkte auf den Meridianen gesetzt werden. Das spricht die Chakren direkt an und wirkt auf subtile, energetische Art ausgleichend und heilend.

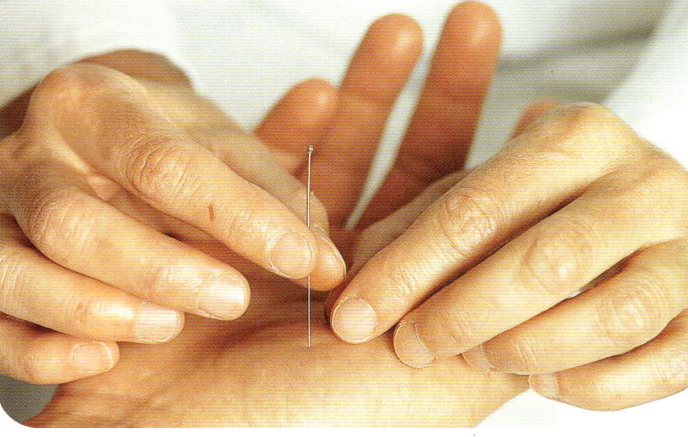

BLÜTENESSENZEN

Die fantastischen Bach-Blütenessenzen stammen aus den 1930er Jahren von Dr. Edward Bach, einem britischen Homöopathen. Bach wollte Heilmittel herstellen, die speziell auf den emotionalen Körper wirken. Er fand, dass Blumen die Sanftheit besaßen, Spannungen und Disharmonien zu heilen.

Anders als homöopathische Heilmittel werden sie nicht verdünnt, sondern entstehen, wenn in Quellwasser eingelegte Blumen einige Stunden der Sonne ausgesetzt werden. So entstehen die „Urtinkturen", die speziell emotionale Störungen heilen sollen.

Bachs Arbeit bereitete den Weg für andere heilende Blütenessenzen. Heute bieten australische Buschblütenessenzen, Mittel der Flower Essence Society of California und diverse andere regionale und nationale Essenzen Heilung für gestörte Gefühle und körperliche Probleme. Sie wirken durch Farbe und emotionale Verwandtschaft über die Chakren.

Oben links **Dr. Edward Bach, ein Londoner Arzt, erfand die nach ihm benannten Blütenessenzen in den 1930er Jahren. Seine Philosophie war: „Ein gesunder Geist erzeugt einen gesunden Körper." Er stellte einen Katalog mit 38 negativen Gemützuständen zusammen und fand zu jedem ein pflanzen- oder blütenbasiertes Mittel zur Behandlung.**

Rechts **Die Bachblütenessenzen enthalten Schwingungen der Pflanzen und Blüten, die das Gleichgewicht herstellen. Sie sind sanft, sicher und sehr wirkungsvoll, um Ungleichgewichte im emotionalen Körper zu behandeln.**

HANDAUFLEGEN

Auch hier gibt es verschiedene Methoden, die Chakren ins Gleichgewicht zu bringen. Allgemein gilt, dass dabei der feinstoffliche Körper mit der magnetischen Energie des Ausführenden aufgeladen wird, das löst Energieblockaden.

Der Heilkundige kann allein durch Betrachtung der Aura und dem Bericht des Patienten den Stand an Reinheit und Lebenskraft in den Chakren lesen. Hat jemand Probleme in der Liebe, ist die Diagnose klar: Das Herzchakra ist blockiert. Besteht das Problem darin, dass jemand unvernünftig ist oder nicht den richtigen Weg findet, liegt die Lösung im Stirnchakra. Mangelt es an körperlicher Vitalität, braucht das Sakralchakra Zuwendung. Einige Heiler sehen Farben, andere hören Anweisungen oder benutzen Affirmationen, um Spannungen zu lösen.

Die Chakren und ihre emotionalen Komponenten zu kennen, hilft herauszufinden, wo das Ungleichgewicht liegt und Heilung nötig ist. Manche Heilkundige bitten den

Patienten, sich hinzulegen und sich zu entspannen. Manchmal massieren sie Hände, Füße oder den Kopf, um den Patienten zu entspannen und ihm Ängste zu nehmen. Häufig werden Edelsteine eingesetzt, um den Geist im Körper zu erden. Damit fällt es dem Patienten leichter, Gefühle, Bilder oder Gedanken während der Behandlung feinfühlig wahrzunehmen. Patienten nehmen so aktiv an der Heilung teil und unterstützen den Heiler.

Einige benutzen ein Pendel, um den Grad des Energiestaus und die Bewegungen im Chakra festzustellen. Der Heiler oder die Heilerin hält das Pendel über das Chakra und beobachtet seine Bewegungen. Gleichmäßiges Kreisen im Uhrzeigersinn bedeutet, dass die Energie in die richtige Richtung fließt. Verlaufen die Bewegungen entgegen dem Uhrzeigersinn, zeigt das einen Stau und negative Energie im Chakra an. In diesem Fall können Affirmationen die Pendelbewegungen in die richtige Richtung bringen. Lässt man den Patienten heilende Sätze wie

Seite rechts **Die verschiedenen Techniken des Handauflegens behandeln feinstoffliche Energiefelder zur Wiederherstellung von Frieden, Beweglichkeit und Vitalität.**

Ganz rechts **Mit dem Pendel lassen sich Ungleichgewichte orten. Es findet energetische Blockaden und Durchflüsse. Nach einer Behandlung kann das Pendel das wiederhergestellte Gleichgewicht im Energiesystem anzeigen.**

Unten **Massage bewirkt Entspannung, so dass die Körperenergie frei fließen kann. Verstopfte Chakren lösen sich durch verstärkte Durchblutung, tiefe Atmung und einen ruhigen Geist.**

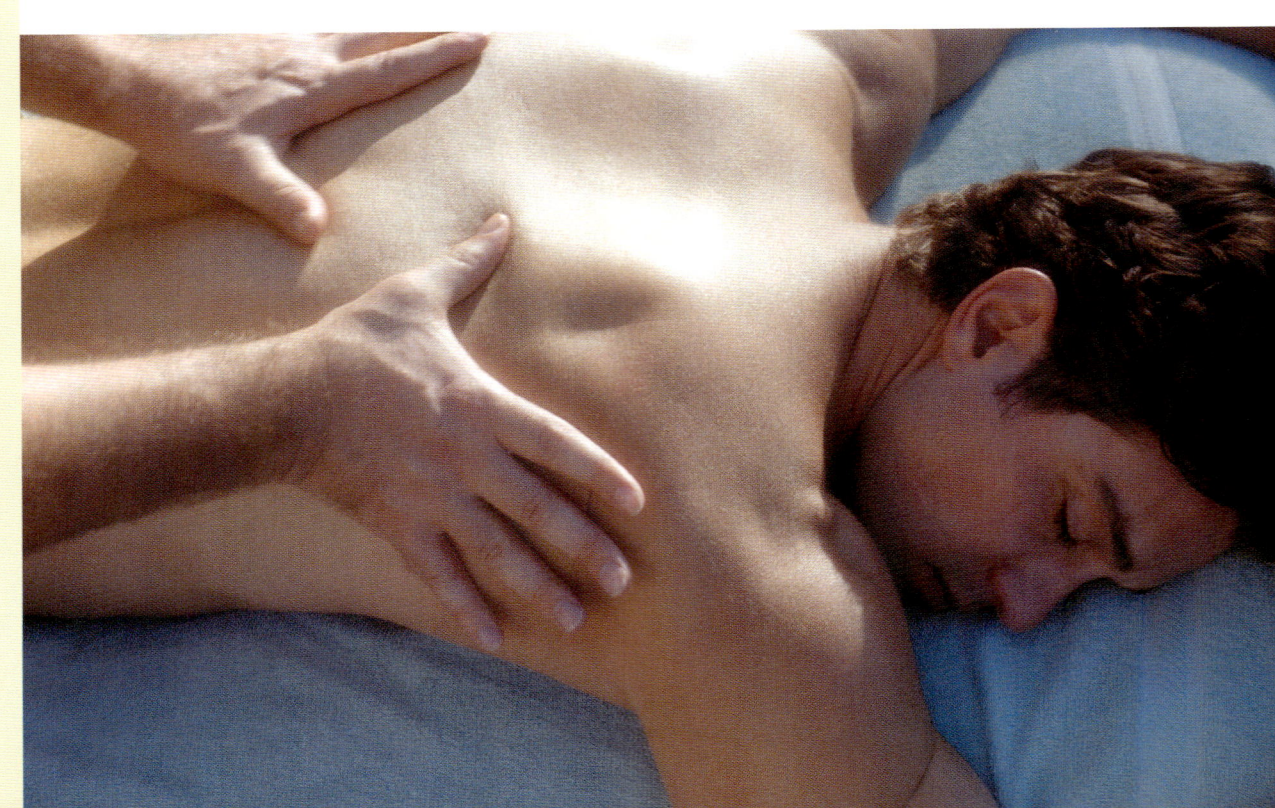

"Ich mag mich, wie ich bin", „Ich bin ganz und komplett" und „Ich bin ein Kind Gottes und von seiner Liebe umgeben" sagen, kann dies schnell zum Gleichgewicht und zur Heilung führen.

Während des Ausbalancierens kann es vorkommen, dass bislang blockierte Gefühle an die Oberfläche gelangen. Es ist nicht ungewöhnlich, Energie in Form von Tränen oder Gelächter herauszulassen. Ist der Ärger blockiert, kann es angeraten sein, den Patienten Wut und Ärger spüren zu lassen. Er soll nicht gefühlsgeladen reagieren oder die Gefühle ausleben, sondern die Gefühle tatsächlich fühlen.

Ist das Lesen der Chakren beendet, dreht der Patient sich auf den Bauch und der Heiler legt seine Hände nacheinander auf alle Chakren, um das Energiesystem ins Gleichgewicht zu bringen. Dabei können die Hände im Uhrzeigersinn über dem Chakra vor- und zurückkreisen oder in Form einer Acht. Das kann beim bekleideten Patienten oder auch über einer Decke geschehen.

Ruhige, sanfte Musik beruhigt die Nerven und den Geist, während die Arbeit des Heilers wirkt. Durch sanfte Chakra-Massage werden aufgestaute Energien gelöst und Platz gemacht für positive Gedanken.

Über jedem Chakra kann eine solche Massage erfolgen. Je höher sich der Heiler am Körper hocharbeitet, umso kürzer verweilt er auf jedem Chakra. Wurzel-, Sakral- und Nabelchakra sollten mindestens zehn Minuten lang massiert werden. Herz- und Kehlchakren brauchen nur eine fünfminütige Massage. Lediglich eine Minute oder weniger wendet man für Stirn- und Kronenchakra auf. Je näher man dem Sensorium kommt, das Teil des Nervensystems ist, umso schneller lässt sich die Energie in den Chakren umkehren.

Ist die Massage beendet, werden die Chakren versiegelt, um ihre Energiefelder rein und stabil zu halten. Versiegelt wird mittels eines Teelichtes oder einer Kerze, mit denen ein Kreuz gezogen wird. Anschließend wird darum herum ein Kreis im Uhrzeigersinn ausgeführt. Dies kann auf der Körpervorder- oder -rückseite erfolgen, um die zarte und flüchtige Energie jedes Chakras zu versiegeln.

Nachdem jedes Chakra umkreist wurde, umrundet der Heiler den Patienten drei Mal im Uhrzeigersinn und versiegelt das gesamte Aurafeld - als Schutz und um die gute, heilende Energie im Chakra zu erhalten. Ein weiterer Einsatz des Pendels wird nun zeigen, dass die Energie umgekehrt und ausbalanciert wurde.

Diese Methode unterscheidet sich von anderen Techniken, ähnelt ihnen jedoch darin, dass die Chakren damit angesprochen werden. Das japanische Reiki verwendet spezielle Symbole zur Verbindung mit den Chakren. Beim Reiki wird durch Handauflegen universelle Heilenergie in die Chakren geleitet, um sie zu heilen und auszubalancieren.

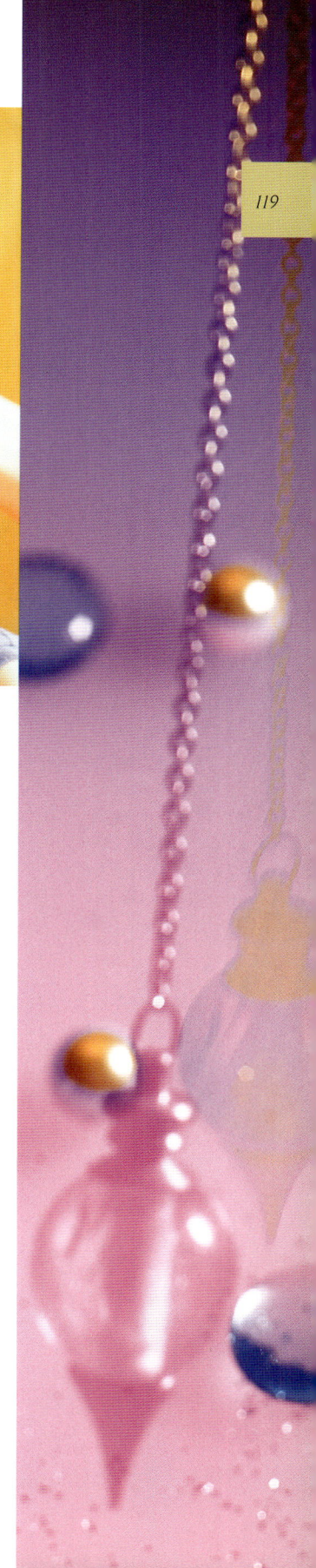

HEILUNG MIT EDELSTEINEN

Durch Auflegen der Edelsteine auf den Körper können die Chakren aufgeladen oder ausbalanciert werden. Man findet sie in Edelsteingeschäften. Sie müssen mit kaltem Wasser und Salz gereinigt und danach ins Sonnen- oder Mondlicht gelegt werden. Die Sonne regt männliche Eigenschaften wie Stärke, Tapferkeit und Durchhaltevermögen an. Der Mond unterstützt weibliche Attribute wie Aufnahmebereitschaft, Harmonie und Offenheit.

Folgende Edelsteine passen zu den jeweiligen Chakren:

Wurzelchakra: Rubin, Granat, Heliotrop, Hämatit, Pyrit

Sakralchakra: Karneol, Tigerauge, Achat, Bergkristall, Calcit, Rutil

Nabelchakra: Topas, Zitrin, gelber Diamant, Opal

Herzchakra: Smaragd, Peridot, Jade, Rosenquarz, Rubin

Kehlchakra: Chalcedon, Aquamarin, Türkis, Jade, Chrysokoll

Stirnchakra: Saphir, Tansanit, Iolith, Lapislazuli, Speckstein

Kronenchakra: Amethyst, Alexandrit, Feueropal, Labradorit.

Für die Chakra-Heilung werden Edelsteine entweder um den Hals getragen oder auf das betroffene Chakra gelegt – etwa fünfzehn Minuten täglich. Nach abgeschlossener Heilung werden die Edelsteine vom Körper entfernt und sorgfältig gereinigt, um die aufgenommene, negative Energie zu entfernen.

Sie können Edelsteine an Ihrem Bett oder am Schreibtisch aufbewahren oder als Kette um den Hals tragen. Gelegentlich bedürfen sie der Reinigung unter kaltem, fließendem Wasser. Wenn man einen Edelstein bei Stress oder Veränderungen getragen hat, sollte man ihm anschließend Zeit geben, die negative Energie wieder loszuwerden. Legen Sie ihn einige Tage in das Gefrierfach des Kühlschranks und lassen sie ihn dort abkühlen.

Unten **Edelsteine stimulieren und heilen die Chakren. Man kann sie auf den Chakren tragen oder dort auf den Körper legen, wo Aufruhr oder Blockaden sind.**

DER KLANG DER CHAKREN

Die Klangtherapie arbeitet ähnlich wie die Farbtherap e. Jedes Chakra ist auf einen bestimmten Ton eingestimmt. Dieser Ton kann über dem Chakra gesungen, gechanted oder gespielt werden, um Blockaden loszuwerden und das Chakra für einen stärkeren Energiedurchfluss zu öffnen. Klangheilung ist genauso wirkungsvoll wie Farbheilung und unterstützt in Kombination mit einer der oben genannten Methoden die Wiederherstellung der Harmonie.

Die Töne zu den ieweiligen Chakren sind die einer C-Dur Tonleiter:

Wurzel-chakra: C   **Sakral-chakra:** D   **Nabel-chakra:** E   **Herz-chakra:** F   **Kehl-chakra:** G   **Stirn-chakra:** A   **Kronen-chakra:** H

Die indische Sitar wurde für die Chakra-Heilung gemacht und ist auf eben diese Töne gestimmt. Für die einzelnen Chakren wurden Ragas komponiert, die zu fest-gelegten Tageszeiter. gespielt werden, zu denen sie am wohltuendsten sind.

Auch durch Harfenmusik lassen sich Chakren heilen, wenn der Ton nahe am zu heilenden Chakra wiederholt gespielt wird.

Ein guter Stimmtrainer kann Ihnen helfen, selbst den richtigen Ton für sich und auch für andere zu erzeugen. Diese Töne selbst hervorzubringen, wirkt wie eine innerliche Chakra-Massage.

Unten **Harfenmusik ist eng mit dem heilenden Reich der Engel verbun-den. Jeder Ton findet eine klare Resonanz in den Chakren. Wie die Stimme kann Harfen-musik Negativität lösen und den Körper für positive Erlebnisse bereit machen.**

Oben **Jeder Ton spricht ein Chakra an. Heilige Schriften zu singen, so wie diese Raga-Sänger, kann Heilung, Segen und Gnade bringen.**

ERNÄHRUNGSTHERAPIE

Chakren harmonieren mit speziellen Lebensmitteln, deren Schwingungen sie heilen und stabilisieren. Wenn Sie ein Chakra heilen möchten, können Sie Ihre Ernährung dementsprechend umstellen.

WURZELCHAKRA

Gut sind Fleisch, Geflügel, Getreide wie Weizen, Hafer und Naturreis. Äpfel, Tomaten und rote Beeren tragen alle die Energie des Wurzelchakras in sich. Empfehlenswert sind auch nationale und religiöse Gerichte, die Zugehörigkeit und Identität fördern. Auch Lieblingsgerichte aus der Kindheit können das Wurzelchakra anregen, da sie an eine Zeit erinnern, die sicher und sorgenfrei war.

SAKRALCHAKRA

Fisch, Meeresfrüchte, Algen, Orangen, Zitrusfrüchte, Melonen, Süßkartoffeln, Kürbis und Karotten tun diesem Energie-zentrum gut. Sinnliches Essen, das Erinnerungen an gute Zeiten weckt, ist auch förderlich.

NABELCHAKRA

Huhn, Eier, Sonnenblumen- und Olivenöl, Honig, Sirup, Ananas, Zitronen, Grapefruit und Naturreis sind empfehlenswert und leicht verdaulich. Auch Dinge, die gegen Stagnation in der Leber helfen, wie grünes Gemüse und verdauungsfördernde Lebensmittel unterstützen das Chakra.

Oben **Naturkost mit hohem Proteinanteil, aber ohne Zusätze, kann die Heilung des Stirn-chakras unterstützen.**

HERZCHAKRA

Herzfleisch von Lamm, Huhn und Rind tun dem Chakra gut, genauso wie kleine Mengen Wein. Grünes Gemüse sowie fettarmer Hüttenkäse sind ratsam. Omega-Fettsäuren (z.B. Lachs) sind gut fürs Herz. Damit das Herz stark bleibt, muss es erstklassig ernährt werden. Nahrung, die die Durchblutung fördert, erfreut das Herz.

KEHLCHAKRA

Dies Chakra möchte Nahrung, die leicht zu schlucken ist. Schleimfördernde Dinge wie Schokolade, Milchprodukte oder zu viel Süßes mag es nicht. Bei rauem Hals helfen Zitrone und Honig.

Oben **Honig erneuert das Hautgewebe, reinigt die Lungen und fördert die Verdauung. Er ist Träger von Kräuteressenzen und homöopathischen Mitteln. Honig wird schnell aufgenommen und kann bei allen Chakra-Heilungen helfen.**

STIRNCHAKRA

Seit alters her gelten Lachs, Tee und Mandeln als gute Nahrung für das Gehirn. Die alten Kelten hielten den Lachs für den Fisch der Weisheit. Aristoteles fand, sechs Mandeln und Tee täten dem Gehirn gut. Leichte Gerichte halten den Geist klar. Das Stirnchakra braucht frisches Essen ohne Zusätze, aber mit hohem Proteingehalt.

KRONENCHAKRA

Fasten ist die „Nahrung" des Geistes. Legt man Fastenzeiten zu den Jahreszeitenwechseln ein, wird das Blut gereinigt und das Bewusstsein für Rhythmus und Zyklus der Erde geweckt. Das Fasten lehrt uns Dankbarkeit für die Fülle, in der wir leben.

Links **Die ganze Getreideproduktion vom Säen über das Heranreifen bis zur Ernte steht für die Großzügigkeit unserer Welt. Getreide bindet uns an die Erde und erdet unseren Geist im körperlichen Bereich. Getreide ist das Gute aus der Erde und hilft dem Wurzelchakra und dem Sakralchakra, Stärke und Widerstandsfähigkeit sowie innere Kraft nach Krankheit zu erlangen.**

MEDITATIONEN MIT ENGELN, DER GÖTTIN UND DEM LICHT CHRISTI

Die fünf Erzengel, die Göttin und das Licht Christi in uns leiten uns während der Chakra-Heilungen an. Wenn Sie bei der Heilung eines Chakras ein Gebet sprechen möchten, wenden Sie sich damit an einen dieser Aspekte des Selbst. Erlauben Sie ihnen, der Quelle Ihre Gebete und Absichten zu überbringen.

ERZENGEL MICHAEL

Michael gehört zum Wurzelchakra. Er ist Gottes Krieger, der Führer der himmlischen Armeen, der für Mut, Aufrichtigkeit und Gerechtigkeit steht. Er ist Schutzpatron der Soldaten, Polizisten, Feuerwehrleute und all derjenigen, die für andere ihr Leben riskieren. Er ist der Schutzengel der katholischen Kirche und des Staates Israel. Mit seiner Hilfe erden wir uns. Durch ihn wollen wir, dass unser Leben mehr ist, als bloßes Überleben. Er fordert uns auf, unsere Talente und Fähigkeiten dort einzusetzen, wo sie gebraucht werden, um unseren Anteil für eine bessere Welt zu leisten.

Er heilt das Wurzelchakra durch Schaffung von Zugehörigkeit. Mit seiner Hilfe finden wir unsere Wahlfamilien, zusammengehalten durch Liebe und Freundschaft, mit denen wir wachsen. Er hilft uns, Gemeinschaften zu formen, die unseren Geist stark halten. Wenn Sie ein Gebet für Zugehörigkeit haben oder dafür, dass Ihr Verhältnis zu einer Gemeinschaft geheilt wird oder Sie Ihren Lebensweg finden mögen, richten Sie es an Michael.

ERZENGEL METATRON

Metatrons Chakra ist das Sakralchakra. Er zeigt uns das richtige Maß der Dinge, damit wir erkennen, was „genug" ist. Er herrscht über den Appetit, das richtige Denken und Handeln. Er lehrt uns, die materielle Welt zu schätzen und mit unseren Ressourcen umsichtig und respektvoll umzugehen. Er lässt uns erkennen, dass wer und was wir sind, genug ist. Er möchte, dass wir uns

amüsieren, aber auch ruhen und das Leben in all seiner Pracht lieben. Er kann uns auf den Weg zurückführen, wenn wir unsere Hoffnung und Lebensfreude verloren haben.

Beten Sie, dass Gesundheit, Freude, Fülle und ein gesundes Anspruchsdenken zu Ihnen kommen sollen, wenden Sie sich an den Erzengel Metatron.

ERZENGEL URIEL

Uriel und das Nabelchakra sind einander zugeordnet. Uriel beherrscht die Sonne und bewacht die Pforten zum Paradies. Er steht für unsere persönliche Wahrheit und ermutigt uns, so zu sein, wie wir sind. Wenn wir zweifeln, Angst oder Sorgen haben, wenden wir uns an ihn. Er bringt uns Gottes Licht, damit wir zur Ruhe kommen und unseren Wert erkennen. Wenn Sie für ein dauerhaftes Wohlgefühl beten, wenn Sie Ihre wahre Persönlichkeit erkennen wollen, dann wende Sie sich an den Erzengel Uriel.

ERZENGEL RAFFAEL

Raffael ist dem Herzchakra zugeordnet. Er ist als Heiler der himmlischen Heerscharen bekannt. Raffael bringt uns Gottes heilende Liebe, zeigt uns Kräuter und Medizin, mit denen wir unser System ausgleichen und heilen können. Bitten Sie darum, dass ein gebrochenes Herz geheilt wird oder dass Sie Ihr Bestes geben für jene, die Sie lieben, richten Sie Ihr Gebet an Raffael.

ERZENGEL GABRIEL

Gabriel und das Kehlchakra sind aufeinander eingestimmt. Er war es, der der Jungfrau Maria die Geburt Jesu verkündete und er lehrt uns, die Wahrheit zu verteidigen, indem wir für uns selbst einstehen und uns Lügen entgegenstemmen. Auch lernen wir von ihm, dass wir unsere Stimmen zur Heilung, Inspiration und Schmerzlinderung

Seite rechts **In der gesamten Geschichte haben Menschen an Engel geglaubt und sie vornehmlich in Kunst und Architektur verankert.**

Oben **Bild des Propheten Enoch aus einem Psalmenbuch des 13. Jahrhunderts. Es heißt, dass aus Enoch der Erzengel Metatron wurde.**

einsetzen können. Wenn Sie dafür beten, dass Wahrheit in Ihrem Leben wichtig ist und Sie aufhören möchten, sich zu belügen und über andere zu tratschen oder schlecht zu reden, richten Sie Ihr Gebet an Gabriel.

SCHECHINA ODER DAS WEIBLICHE GESICHT GOTTES

Schechina und das Stirnchakra gehören zusammen. Der Begriff stammt aus einer uralten jüdischen Überlieferung, in der Schechina die weibliche Seite Gottes ist. Wir kennen dies als Konzept der Göttin, die über das Bewusstsein von Leben herrscht und uns Heilung, Visionen und Liebe bringt. Schechina steht für das weibliche Prinzip. Sie ist Sinnbild für die Göttinnen-Energie, die dieses Chakra beherrscht. Sie lässt uns das innere Licht in allen Dingen erkennen und auch das Beste in den Menschen. Sie lehrt uns die Wahrnehmung, die Intuition und das Wissen. Sie bringt uns inneren Frieden und kennt unsere Schönheit, Kraft und Heilfähigkeit. Wenn Sie dafür beten, weise zu werden und diese Weisheit zum Heilen einzusetzen, richten Sie Ihr Gebet an Schechina.

DAS LICHT CHRISTI

Das Licht Christi ist dem Kronenchakra zugeordnet. Dies ist das reine Licht in uns, das nie geboren wurde und niemals stirbt. Es leuchtet immer und ist ständig mit der Quelle allen Lebens verbunden. Haben Sie ein Gebet dafür, Ihr wahres Selbst in seiner Herrlichkeit kennenzulernen, können Sie sich an dieses Licht wenden, um Heilung, Frieden und Liebe zu erhalten. Es ist jederzeit da und reagiert auf jedes Ihrer Gebete.

Der Weg zur Chakra-Heilung führt über eine positive Einstellung, Liebe, Glaube an das Gute in sich selbst und Dankbarkeit. Die Chakren leiten uns schrittweise zu den unendlichen Möglichkeiten zu wachsen, zu heilen und zur Kreativität. Ehren Sie sie durch die Engel und die Heerscharen, so wenden Sie sich spiritueller Energie zu und füllen Ihren Geist.

REGISTER

BIBLIOGRAFIE UND DANKSAGUNGEN

BIBLIOGRAFIE

Wauters, Ambika, **Healing with the Energy of the Chakras**,
The Crossing Press, Freedom, Kalifornien, 1995.

Wauters, Ambika, **Chakras and Archetypes**,
The Crossing Press, Freedom, Kalifornien, 1995.

Wauters, Ambika, **Lifechanges with the Chakras**,
The Crossing Press, Freedom, Kalifornien, 1998.

Wauters, Ambika, **Homeopathic Color Remedies**,
The Crossing Press, Freedom, Kalifornien, 1999.

Wauters, Ambika, **Homeopathic Medicine Chest**,
The Crossing Press, Freedom, Kalifornien, 2000.

Wauters, Ambika, **The Chakra Oracle**,
Conari Press, Berkeley, Kalifornien, 1995.

Wauters, Ambika, **Nature's Healing Oracle**,
Conari Press, Berkeley, Kalifornien, 2001.

DANKSAGUNGEN

Quarto bedankt sich für die Bilder in diesem Buch bei:
Ann Ronan Picture Library 124; Bach Centre 117; Corbis 65,
85, Gamma/de Keele/UK Press 78ur; Gamma/Buck Kelly 85;
Gamma/K. Kurita 93u; Gamma/Markel/Liaison 103o; Gamma/
Jean Michel Turpin 73ur; Panos Pictures 104; Penny Cobb 91ml;
Rex Features 89; Science Photo Library/Garion Hutchings 12;
Trip/Dinodia 14; Trip/J. Garrett 71ol; Trip/M. Jelliffe 42o; Trip/
H. Rogers 32l, 41ml, 45, 61ur, 101or, 101ur, 102, 103u, 112, 121; Trip/
J. Sweeney 15; Trip/Trip 51ur; Trip/Viesta Collection 43.
Für alle anderen Fotos und Illustrationen besitzt Quarto das
Urheberrecht. Sollten wir trotz aller Sorgfalt eine Bildquelle
vergessen haben, entschuldigen wir uns für etwaige Unterlassungen.

MEIN DANK GEHT AN

Rikki Hall, die mir ihr Herz geöffnet hat, Susan Nemchek für ihre
Wärme, Freundlichkeit, Liebe und Mitgefühl, Marva Davis für ihre
Kenntnisse über das Heilen und ihr Verständnis, Dennis Kirchoff und
Michael Crumley für Spaß und Gemeinschaft. Seid gesegnet, dass
ihr mein Leben mit Liebe und Freundschaft bereichert. Ich bin stolz,
euer Freund zu sein.

An die lieben Menschen bei Quarto, besonders Tracie Lee, die
dieses Buch gelesen hat, und Elizabeth Healey für ihre außer-
gewöhnliche Kunst. Das Geschenk elektronischer Zusammenarbeit
hat Vieles möglich gemacht.